AF554369

TABLEAU SYNOPTIQUE

D'HISTOIRE & DE LITTÉRATU[RES]

ANCIENNES

CLASSES DE { Seconde
Première

Second Cycle

PAR

B. BARON

Professeur d'Histoire au Collège de Saint-Servan

SAINT-MALO
H. LE LAGADEC, IMPRIMEUR-ÉDITEUR
8, rue Robert-Surcouf, 8

PRIX : 3 FR. 50

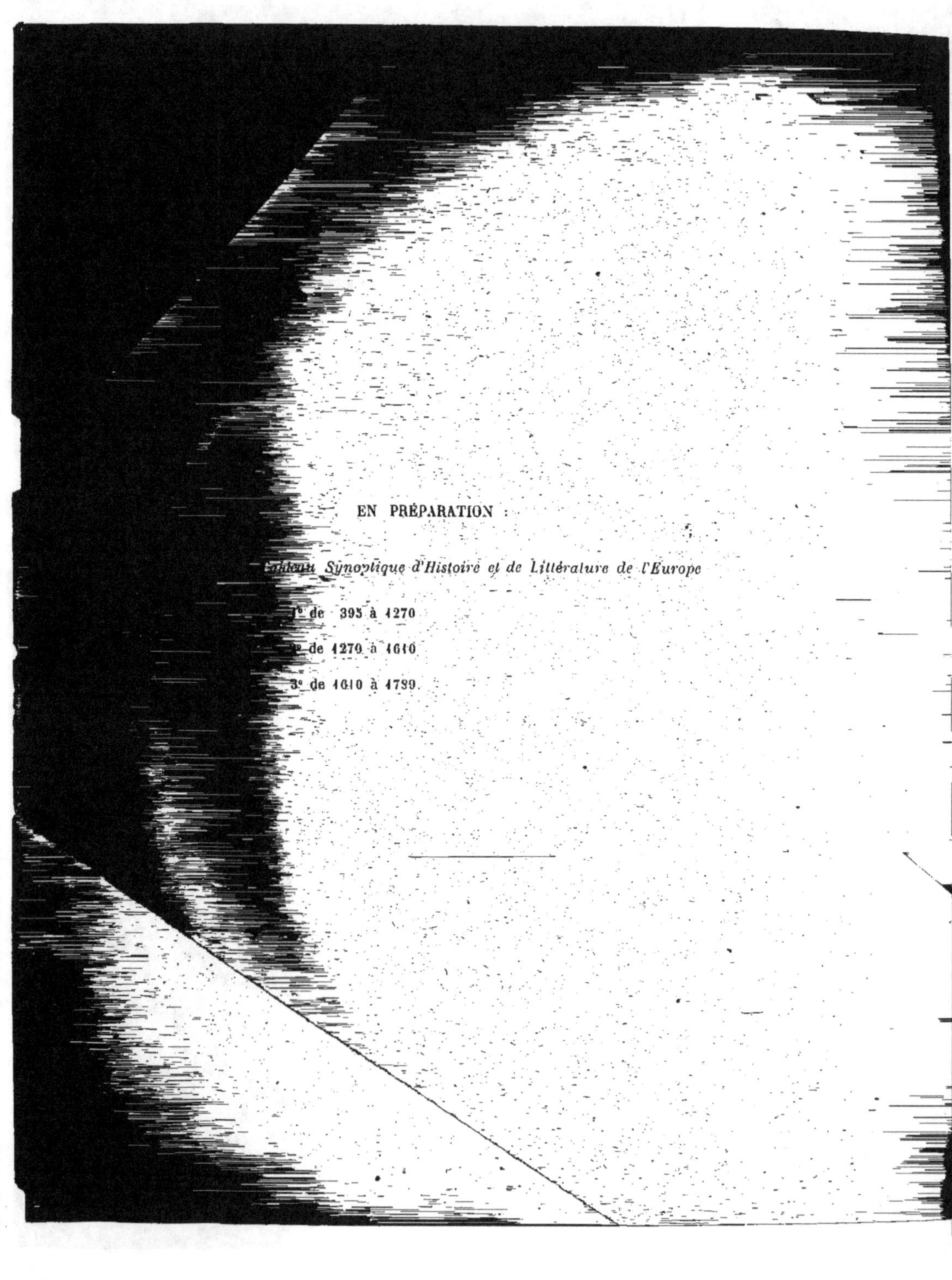

EN PRÉPARATION :

Tableau Synoptique d'Histoire et de Littérature de l'Europe

1° de 395 à 1270

2° de 1270 à 1610

3° de 1610 à 1789.

TABLEAU SYNOPTIQUE

D'HISTOIRE & DE LITTÉRATURE

ANCIENNES

CLASSES DE { Seconde / Première

Second Cycle

PAR

B. BARON

Professeur d'Histoire au Collège de Saint-Servan

SAINT-MALO

H. LE LAGADEC, IMPRIMEUR-ÉDITEUR

8, rue Robert-Surcouf, 8

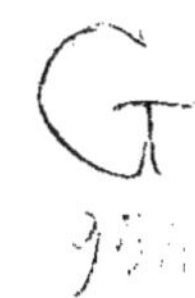

TABLEAU SYNOPTIQUE
D'HISTOIRE DE L'ORIENT

LES PREMIERS PEUPLES

LES ARYAS

- Le peuple des Aryas, parti des bords du Gange et de l'Iran, s'est répandu en Asie-Mineure et en Europe.
- **ARYAS DE L'INDE**
  - Les Vedas, premiers livres sacrés
    - le Mahabharata.
    - le Ramayana.
  - Castes
    - Brahmanes — prêtres lisant seuls les Saintes-Ecritures.
    - Katryas — guerriers.
    - Vaicays — laboureurs.
    - Soudras — artisans.
- Les lois de Menou ressemblent au Pentateuque de Moïse.
- **ORGANISATION POLITIQUE, DEUX RÈGLES**
  - Société — Subordination des Castes.
  - Individu — Pureté physique et morale.
- **RELIGION**
  - Brahma commande aux autres Dieux.
  - Svarga est le lieu de délices.
  - Naraka est le lieu de supplices.
  - Croyances à la métempsycose.
- **BOUDDHISME**
  - Perfections de l'homme
    - Science, énergie, pureté.
    - Patience, charité, aumône.
  - Egalité des hommes, tous peuvent devenir prêtres.
  - Fait de rapides progrès.

LES IRANIENS

Ce peuple habita d'abord l'Iran et les Monts de l'Afghanistan. Il forma deux branches
- Les Mèdes.
- Les Perses.

RELIGION

- Dérive du culte des anciennes populations ariennes.
- Zoroastre, considéré comme le premier prophète.
- Livres attribués à Zoroastre
  - le *Vendidad Sadé*.
  - le *Yesht-Sadé*.
  - le *Boundéhesh*.

RELIGION
- Les Iraniens adorent un seul Dieu : l'Aouramazdâ.
- Ce Dieu, Aouramazdâ a six coadjuteurs
  - Amshaspands : « les immortels » 1° Vôhou-Mano « le bon esprit » ; 2° Ashavista « le très pur » ; 3° Khshathra vairya « le royaume désirable » ; 4° Çpentâ ârmatti « la Sagesse » ; 5° Haourvatôt « la santé » ; 6° Ameretât « l'immortalité »
- Après la mort l'âme devait franchir un pont
  - Elle tombait en enfer.
  - Elle allait au Paradis.

LES MÈDES
- Les Mèdes subissent la domination asiatique.
- Ils sont affranchis de la domination assyrienne, vers 759, par Arbacès.
- Cinq rois (presque inconnus) de 759 à 709.
- ROIS
  - Déjocès (709-656)
  - Phraortès (655-633)
    - Conquiert le plateau de l'Iran.
    - Meurt dans une expédition contre Ninive.
  - Cyaxare (633-596)
    - Invasion des Cimmériens en Asie-Mineure.
    - Cyaxare prépare une invasion en Assyrie. Ninive est détruite.
    - Union de la Médie et de la Chaldée.
    - Il chasse les Scythes de l'Asie.
    - Il meurt, 596.
  - Gygès, roi de Lydie (595-585)
    - Lutte contre les Grecs d'Asie.
    - Anneau merveilleux.
  - Astyage fils de Cyaxare
    - Sa fille Mandane engendre Cyrus. Enfance agitée de celui-ci.
    - Cyrus est envoyé en Perse par Astyage.
    - Cyrus soulève les Perses contre Astyage.
    - Harpagus amène son armée à Cyrus. Astyage est prisonnier.
- Vers 559, l'Empire Mède succombe et est remplacé par l'Empire Perse.

NOUVEL EMPIRE CHALDÉEN
Origines de l'Assyrie (*V. plus loin*)
- Les Mèdes et les Babyloniens se partagent l'Empire Assyrien.
- Babylone commande aux pays situés à l'ouest de l'Euphrate.
- Nabuchodonosor (606-562)
  - Défaite des Egyptiens — Pillage du temple de Jérusalem.
  - Prise de Cyr — Ravage de l'Egypte.
  - Embellissement de Babylone — Temple de Bel — Jardins suspendus.
  - Sa folie — Sa femme Nikotris continue ses travaux.
- Evilmérodach (561-559).
- Nériglissor (559-555).
- Bel-labar-iskoun.
- Balthasar et Daniel — Le festin.

NOUVEL EMPIRE CHALDÉEN — RELIGION
- Gouvernement absolu.
- Religion des Assyriens essaie d'expliquer l'univers.
- Bel ou Baal, premier des Dieux.
- Divinités sidériques : Beltis, El, Nava, Nebo.
- Dieu poisson : Oannès.
- Juifs abhorrent les idoles de Chaldée et de Phénicie.
- Monuments construits de briques qui portent des inscriptions.
- Art imité par les Grecs — Commerce en honneur.

LES PERSES

CYRUS ET CRÉSUS
- Crésus, roi de Lydie, soumet la ville d'Ephèse et les Grecs de la côte d'Asie.
- Il soumet tous les peuples de l'intérieur jusqu'au fleuve Hailys.
- Il fait alliance avec les Macédoniens.
- Crésus veut lutter contre Cyrus et les Perses ; il est vaincu près de Sardes (554).

CYRUS (559-529)
- Cyrus s'empare de la Bactriane et s'avance sur Babylone (538).
- Babylone est prise (538).
- Il va lutter contre les Massagètes établis au nord de son empire — Le roi des Massagètes Tomyris, lui envoie un défi.
- Cyrus va l'attaquer sur son territoire, d'après les conseils de Crésus.
- Cyrus meurt dans une bataille — Sa tête est plongée dans une outre remplie de sang (529).
- Les Juifs rentrent à Jérusalem (536) — Reconstruction du Temple.

CAMBYSE (529-522)
- Cambyse succède à son père — Se fait remarquer par sa cruauté.
- Expédition en Egypte :
  - Prise de Memphis — Soumission des Libyens et des Cyrénéens.
  - Il tue le bœuf Apis. Il prend le roi Psammétik.
- Il veut lutter contre les Carthaginois.
- Il meurt (522).

DARIUS (521-485)
- A la mort de Cambyse une révolution éclate.
- Un mage veut se faire passer pour Smérédis, frère de Cambyse que celui-ci a tué, mais les présages annoncent que c'est un imposteur.
- Conspiration des sept contre le Mage :
  - Otanès.
  - Aspathinès.
  - Gobryas.
  - Intâphernès.
  - Mégabysès.
  - Hydarnès.
  - Darius.
- Darius est élu roi, parceque son cheval a henni le premier.
- Le premier soin de Darius fut d'apaiser les révoltes qui éclataient de toutes parts.
- Babylone se révolte : la ville est prise une seconde fois.
- Intaphernès est mis à mort pour son orgueil.
- Arœtès, satrape de Lydie, veut se rendre indépendant, il est tué.

DARIUS (521-485)

- **Guerre contre les Scythes**
  - Atossa, mère de Darius, conseille cette guerre.
  - Les Scythes
    - Sont venus d'Asie et ont des mœurs nomades.
    - Coupent la tête de leurs ennemis et s'en servent pour boire.
    - Se couvrent de peaux de bêtes ; méprisent les coutumes étrangères.
    - Le corps du roi mort est embaumé et promené dans les provinces.
  - Darius construit un pont de bateaux sur le Bosphore de Thrace (508), soumet les Gètes et construit un pont sur l'Ister (Danube).
  - Peuplades de la Scythie
    - Taures.
    - Agathyrses.
    - Neutes — Androphages.
    - Melancklœnes.
    - Budins — Sauromates.
  - Darius menace les Scythes qui lui accordent des présents ; mais il est obligé de repasser l'Ister et le Bosphore.
  - Il n'a pas conquis la Scythie, mais il garde la Thrace.
- Scyllas fait un voyage de découverte vers l'Indus
- **Guerres Médiques** (*V. Histoire Grecque*)
  - Guerres demandées par Atossa.
  - Causes
    - Grandeur de l'empire Perse.
    - Rapports continuels des Grecs et des Perses.

Xerxès (485-472)
- Invasion contre la Grèce. Ses armées sont battues à Salamines (480), à Platée (479).
- Il est assassiné par Artaban.

Artaban (472-476), capitaine des gardes de Xerxès.

Artaxerxès Ier longue-main, fils de Xerxès (474-424).

Xerxès II (424).

Darius-Nothos (424-404).

Artaxerxès II (404 359)
- Fils et successeur de Darius-Nothos.
- Il tue son frère Cyrus le jeune, révolté, à la bataille de Cunaxa (401).
- Il impose aux Spartistes le traité d'Antalcidas (387).

Artaxerxès III Ochus (359 338)
- Fils d Artaxerxès II.
- Est empoisonné par Bagoas, un de ses généraux.

Arsès (338-336).

Darius III Codaman (336-331)
- Est vaincu par Alexandre-le-Grand.
- Est tué par Bessus.
- La haute Asie reste à Séleucus depuis 311.

GOUVERNEMENT
- Gouvernement despotique — Le pouvoir central n'administre pas.
- Institution de courriers pour les communications des provinces.
- Impôt de 22 satrapies, 650 millions de francs — Pièces de monnaie pour le commerce.
- Chaque province donne un tribut en espèces.
- Chaque gouvernement a trois officiers indépendants l'un de l'autre et relevant du roi.

RELIGION
- Culte du feu — Zoroastre.
- Ormuzd et Ahriman — Croyances à l'immortalité de l'âme.

COUTUMES
- Les Perses n'élèvent pas de temples aux Dieux.
- Ils sacrifient sur le sommet des montagnes — Immolent des animaux.
- Célébration particulière du jour de la naissance.
- Les nations voisines sont les plus estimées — Ils aiment les usages étrangers.
- Avoir beaucoup d'enfants est considéré comme le plus grand honneur.
- Ils défendent le meurtre et le mensonge.

MONUMENTS
- Ils ont très peu de monuments.
- On ne peut citer que les murailles d'Ecbatane et les ruines de Persipolis.

ASSYRIE ET BABYLONIE

Les premiers habitants furent : 1° des Scythes ; 2° des Kouchites ; 3° des Sémites.

Invasions Chananéennes dans l'Asie occidentale (2.300 ans avant J.-C.).

Sargoun relève le royaume de Babylone.

Ninus, fondateur de Ninive.

SÉMIRAMIS (XIIIe siècle)
- Fortification de Babylone — Pont sur l'Euphrate — Temple de Bel ou Baal.
- Soumission des Mèdes — Fondation d'Ecbatane.
- Soumission de l'Égypte et de l'Éthiopie — Sémiramis battu par Stratobatis ; elle abdique.

SECOND EMPIRE ASSYRIEN
- Premier chef : Bel-Khat-Irassou (1020).
- Conquêtes de Touklat-Adour (889).
- Les Assyriens détruisent les royaumes de Syrie, d'Israël et de Juda.
- Salmanasar III (859) soumet la Cilicie, l'Arménie
- Salmanasar IV — L'empire diminue.
- Sarnadapale — Roi fainéant — Complot des chefs. Bouleversement de l'empire — Fuite de l'Empereur.
- Taglah-Phalasor II (745-726)
  - Relève l'empire — Soumission des Mèdes.
  - Akhaz demande du secours — La Syrie est envahie.
- Salmanasar V. (723-721) — Siège de Tyr.
- Sargoun (721-704) soumet les Mèdes et les Arméniens — Victoire de Raphia qui fait disparaître les rois Ethiopiens.
- Sennackérib — Pénètre en Asie-Mineure — Envahit la Phénicie — Prend Sidon, Babylone.
- Assar-Haddon (681-667) détruit Sidon, pénètre en Egypte (672) prend Memphis et Thèbes.

SECOND EMPIRE ASSYRIEN Pour empire Chaldéen (*V. plus haut*)	ASSOUR BAN-HABAL	Saccage encore Thèbes en Egypte — Tue son frère révolté. Cyaxare amène des Mèdes contre Ninive, il est forcé de reculer. Invasion des Scythes en Asie. (634-627). Destruction de Ninive — Fin de l'empire d'Assyrie (625).
	Ninive couverte par les sables du désert — Découverte en 1843, par M. Botta, consul de France.	

L'EGYPTE

Tous les Egyptologues, Champollion, Mariette, Maspéro, établissent d'une manière à peu près certaine que les Egyptiens sont venus d'Asie, par l'isthme de Suez, se fixer dans la vallée du Nil dont les inondations annuelles fertilisent le pays.

Le premier roi est Ména qui vivait plus de 5.000 ans avant notre ère. Memphis était sa capitale.

TROIS PÉRIODES
- Période memphitique avec la suprématie de Memphis (Ire à X^e^ dynastie).
- Période thébaine avec la suprématie de Thèbes (XIe à XXe dynastie).
- Période saïte avec la suprématie de Saïs et villes du delta (XXe à XXXe dynastie).

Les Hcysos ou rois pasteurs (2.200 à 1.700).

ROIS DE LA XVIIIe DYNASTIE
- Le premier roi de la XVIIIe dynastie fut Ahmès qui chassa les pasteurs du delta.
- Amenhotep Ier fils d'Ahmès — Conquiert l'Ethiopie.
- Thotmès Ier — Conduit ses armées jusqu'à l'Euphrate.
- Thotmès III — Bat à Maggedo les peuples syriens réunis.
- Amenhotep III — Fonde au S. de Karnak le temple d'Ammon — Y place la statue : Colosse d'Ammon.
- Haremheb.

LA XIXe DYNASTIE
- Ramsès Ier, chef de la XIXe dynastie, va jusqu'en Ethiopie.
- Séti Ier : Conquiert la Syrie jusqu'à l'Oronte. Y impose des gouverneurs égyptiens. Met des garnisons à Gaza, Ascalon, Maggedo.
- Ramsès II ou Sésostris (XVIIe siècle) : Lutte contre la Syrie révoltée — Bat les confédérés à Kaddesh sur l'Oronte. Insuccès de son expédition contre l'Arabie. Il construit des canaux, creuse des citernes et des puits.
- Ménephtah — Fils de Ramsès II, lutte contre une invasion des Grecs.
- A la mort de Ménephtah, anarchie complète en Egypte.
- C'est à cette époque que les Israëlites sortirent de l'Egypte.

LA XXe DYNASTIE
- On connait jusqu'à seize Ramsès de cette dynastie.
- Ramsès III bat les Syriens, repousse les Lybiens et va en Arabie.
- Les autres furent les rois fainéants de l'Egypte.
- C'est à cette époque que l'Egypte se couvrit de ces monuments qui étonnent encore les visiteurs. Louqsor, Karnak, Thèbes, etc.

Rien à dire des dynasties suivantes — Après le prêtre de Vulcain, Séthos, il y eut un gouvernement de douze rois.

LA XXVIe DYNASTIE

- Psammétik (676-615)
  - Détrône les onze rois ses adversaires et fonde la XXVIe dynastie.
  - Permet à des Grecs d'Ionie et de Carie de s'établir en Egypte.
- Néchao (615-600)
  - Cherche à rétablir le canal allant de la Mer Rouge à la Méditerranée.
  - Fait faire le tour de l'Afrique par des matelots phéniciens.
  - Conquiert la Syrie, mais est battu par Nabuchodonosor.
- Psammis (600-594).
- Apriès (594-569) est chassé par ses sujets.

LA XXVIIe DYNASTIE

- Amasis (569-566) commence la XXVIIe dynastie — Cherche à relever l'Egypte.
- Psamménit (526-525) — L'Egypte est conquise par les Perses et Cambyse et reste sous leur domination jusqu'au moment où Ptolémée, lieutenant d'Alexandre, l'aura en partage.

Il y eut un essai de gouvernement national avec Iranos (460) et quelque indépendance de 414 à 344.

Conquête d'Alexandre (331).

MONUMENTS ET CIVILISATION DE L'ÉGYPTE

- Dieux
  - Les prêtres admettent un Dieu unique en trois personnes : père, mère et fils.
  - De chacun des attributs de ce Dieu, on faisait un dieu nouveau.
  - Ammon, Inhotep, Phtah, Osiris, Râ, etc.
  - Les Egyptiens croyaient que les Dieux s'incarnaient dans le corps des animaux, pour surveiller les actions des hommes, d'où les dieux Ichneumon, Ibis, Epervier, bœuf Apis, etc.
- Religion
  - On croit à l'immortalité de l'âme.
  - Osiris juge l'âme qui est récompensée ou punie.
  - Code de morale pratique où l'on trouve des préceptes très élevés.
  - Un livre des morts (code de morale) accompagne chaque momie.
- Classes
  - Les prêtres ont un pouvoir absolu.
  - Guerriers : 400.000 hommes. Etat passe de père en fils.
  - Le peuple est divisé en
    - Agriculteurs.
    - Porchers.
    - Pasteurs nomades.
- Respect des vieillards.
- Industries nombreuses et variées.
- Sciences
  - Géométrie, premières notions — Année de 365 jours.
  - Astronomie, Zodiaque de Dendérah.
- Monuments
  - Karnak — Louqsor — Ramasséum — Statue de Memnon.
  - Obélisques — Le Labyrinthe — Le lac Mœris — Les Pyramides.
- L'écriture hiéroglyphique a été découverte en 1823 par un Français, Champollion ; et un autre Français, Mariette a beaucoup contribué à nous faire connaître l'histoire égyptienne.
- Il y a beaucoup d'égyptologues célèbres. On compte trois Français contemporains : MM. Mariette, de Rougé, Maspéro. Lire de M. Maspéro, l'ouvrage intitulé : *Archéologie égyptienne*.

L'ÉGYPTE APRÈS LA MORT D'ALEXANDRE

Pendant plusieurs siècles, l'Egypte resta sous la domination des Perses. Elle ne redevint libre qu'après la mort d'Alexandre le Grand et le partage de son empire par ses principaux officiers Elle fut accordée à Ptolémée Ier Soter qui fit venir le corps d'Alexandre à Alexandrie.

ROIS	ÉCRIVAINS	ÉVÈNEMENTS
Dynastie des Lagides PTOLÉMÉE Ier SOTER (323-285)	Création de la Bibliothèque d'Alexandrie. 400.000 volumes.	Ptolémée est nommé gouverneur de l'Egypte en 323. Il fait tuer Perdiccas qui veut venir dans ce pays. Il cherche à s'emparer de l'Asie grecque et parvient à se faire nommer roi (306). Il embellit Alexandrie et protège les lettres.
PTOLÉMÉE II PHILADELPHE (285-247)	La Bible est traduite en Grec par les Septante.	Lutte contre ses frères révoltés. Donne à l'Egypte 38 années de paix, pendant lesquelles il favorise le commerce, et noue des relations avec l'Ethiopie. Il entreprend un canal entre la Mer Rouge et la Méditerranée.
PTOLÉMÉE III EVERGÈTE (247-222)	Eratosthène. Ptolémée le géographe.	Ptolémée III est le fils du précédent. Il envahit la Babylonie et la Perse. Il secourt les Grecs contre les Macédoniens. Il encourage les savants.
PTOLÉMÉE IV PHILOPATOR (222-205)		Ptolémée IV est le premier des rois qui ne s'occupe plus que de fêtes et plaisirs. Il repousse Antiochus à Raphia (216).
PTOLÉMÉE V EPIPHANE (205-181)	Lucien : *les Dialogues*.	Révoltes continuelles. La tutelle est confiée au Sénat romain. Il meurt empoisonné (181).
PTOLÉMÉE VI PHILOMÉTOR (181-146)		Il est prisonnier des Syriens de 176 à 166. Il est sauvé d'une invasion d'Antiochus par l'intervention de Popilius Lœnas.
PTOLÉMÉE VII PHYSCON (le ventru) (146-117)		Il est le frère de Philométor ; régent pendant sa captivité. Il partage ensuite le pouvoir avec son frère. Est seul roi de 146 à 117.
PTOLÉMÉE VIII LATHYRE ou poischiche (117-81)		Est exilé pendant 18 ans.

ROIS	ÉCRIVAINS	ÉVÈNEMENTS
Ptolémée IX Alexandre Ier		Lutte contre Ptolémée VIII et est tué par ce dernier.
Ptolémée X Alexandre II (81-80)		Est placé par Sylla sur le trône d'Egypte.
Ptolémée XI Aulétès joueur de flûte (80-52)	Littérature Chrétienne	Ecrase l'Egypte d'impôts.
Ptolémée XII Dionysos (52-48)	*Apologistes.* — Saint-Justin, Hermias, Athénagoras. *Savants.* — Clément d'Alexandrie, Origène.	Epouse à 13 ans sa sœur Cléopâtre qui en a 17. Consent au meurtre de Pompée. Est détrôné par César en faveur de Cléopâtre.
Ptolémée XIII et Cléopatre	*Orateurs.* — St-Grégoire de Nazianze, St-Basile, St-Jean Chrysostome.	Est le frère de Ptolémée XII et de Cléopâtre. Il est associé à sa sœur comme époux et roi de 48 à 44 — Il meurt empoisonné.
Ptolémée XIV ou Césarion		Est le fils de Cléopâtre et de César. Il est tué par ordre d'Octave.

A la mort de Cléopâtre (30) qui se fit piquer par un aspic, l'Egypte fut réduite en province romaine.
Les Arabes musulmans en firent ensuite la conquête (640 après J.-C.).

LES PHÉNICIENS

LA PHÉNICIE
- Comprenait le rivage de la Syrie.
- Les principales villes de la Phénicie étaient Tyr et Sidon où les rois étaient héréditaires, la religion était cruelle et sanguinaire et les mœurs dissolues.
- C'était un peuple essentiellement colonisateur et maritime.
- Colonies
  - Iles Egée, Chypre, Rhodes, Crète.
  - Sporades, Afrique, Espagne, Sicile.
  - Carthage
    - Didon, reine de Carthage domine l'Egypte et la Méditerranée.
    - Carthage a des soldats mercenaires.
    - Guerres avec
      - Les Etrusques et les Massaliotes.
      - Les Grecs de Sicile ; prise de Sélinonte (410) et d'Agrigente (406).
      - Rome (264).
- Les Phéniciens apportent
  - Les Sciences et les Arts.
  - Le Système métrique et l'Alphabet.
- Religion
  - Leurs divinités personnifiaient le soleil, la lune, le feu du ciel.
  - Les cérémonies religieuses étaient sanglantes ou licencieuses.
  - Dieux
    - Baal ou dieu du soleil.
    - Astarté, déesse de la lune.
    - Melqarth, dieu de la force.

LE PEUPLE JUIF

Les premières origines de ce peuple sont tout à fait fabuleuses. Il faut se reporter à la Bible pour les connaître.
Adam le premier homme ferait son apparition en 4.138.
Le déluge, époque de Noé, second père de la race humaine aurait eu lieu en 2.482.

GRANDS PERSONNAGES	ÉVÈNEMENTS
ABRAHAM	Vint s'établir dans la terre de Chanaan — Captivité de Loth, son épouse. Ruine de Sodome — Rivalité d'Agar et de Sara — Ses fils : Ismaël et Isaac Sacrifice d'Isaac — Mariage d'Isaac — Rebecca — Mort d'Abraham (1990).
ISAAC	A deux fils Esaü et Jacob.
JACOB (2,200 av. J.-C)	Jacob va chez Laban (1803). De ses épouses a douze enfants : 1° Lia { Ruben. Siméon. Lévi. Juda. Issachar. Zabulon. — 2° Bala { Dan. Nephtali. — 3° Zelpha { Gad. Azer. — 4° Rachel { Joseph. Benjamin. Ces douze enfants forment les douze tribus d'Israël. Retour de Jacob en Chanaan — Joseph vendu par ses frères (1853) — Putiphar et Joseph. Après avoir expliqué les sept songes, Joseph devient premier ministre d'Egypte. Les Hébreux dans la terre de Gessen (1840).
MOISE (1705-1585)	Sa naissance (1705) — Il délivre ses frères — Les dix plaies d'Egypte. Institution de la Pâque — Passage de la Mer Rouge — Victoires sur les Amalécites : le Sinaï : *les Tables de la loi.* Le Veau d'Or — Consécration d'Aaron — Dénombrement du peuple : 603.500 hommes. Espions envoyés dans la Terre promise — Serpent d'airain. Victoires sur les Amorrhéens et les Moabites. Les tribus de Gad et de Ruben s'établissent à l'ouest du Jourdain. Mort de Moïse (1585). Le culte et le sacerdoce : les Lévites.
LES JUGES (1560-1096)	Josué (XVI° siècle) { Passage du Jourdain (1585) — Prise de Jéricho. Conquête de Josué sur Jabin — Mort de Josué (1560). Israël est rebelle au Seigneur — Il est délivré par Athaniel, Aod et Samgar. Gédéon : Marche contre les Madianites — Victoire de Jezréel. Abimelech { Fils de Gédéon — Fait égorger ses 70 frères et gouverne Israël. Détruit la ville de Sichem — Prince cruel. Jephté : Vainc les Ammonites — Tue sa fille à la suite d'un vœu. Samson { 12° juge d'Israël — Célèbre par sa force prodigieuse. Est trahi par Dalila — A pour ennemis les Philistins — Samson à Gaza.

GRANDS PERSONNAGES		ÉVÈNEMENTS
Les Juges (1560-1096)	Héli	Est nommé grand prêtre — L'arche est aux mains des Philistins.
	Samuel (1132-1043)	Dernier juge d'Israël. Il chasse les Philistins — Ramène Israël au culte de Jéhovah. Il institue des confréries de prophètes pour interpréter la loi et les volontés de Jéhovah. Il sacra Saül, roi d'Israël.

ROIS	ÉVÉNEMENTS
Saul (1096-1036)	Saül fut choisi et sacré roi par Samuel (1096) — Il vainc les Ammonites. Sa lutte contre Samuel — Il tue son fils Jonathas. Enfin il lutte contre David qui, victorieux, consent à l'épargner.
David (1056-1016)	David est choisi et sacré roi par Samuel (1056) — Il est vainqueur de Goliath. Saül cherche à lutter contre David — Saül vaincu se tue (1036). Lutte de David contre les Philistins, Moabites, Amalécites, Iduméens, etc. Révolte d'Absalon — Dénombrement du peuple : 1 300.000 hommes. Les Psaumes.
Salomon (1016-976)	Etend son pouvoir de l'Euphrate au Nil — Son jugement fameux. Construction du Temple (1012) — La reine de Saba lui rend visite. Il arme sur la Mer Rouge une flotte montée par des matelots phéniciens. Il partage son royaume en 12 arrondissements qui entretenaient chacun sa cour durant un mois. Il adore des divinités étrangères : Moloch et Astarté — Révoltes. Fuite de Jéroboam. Est considéré comme l'auteur des *Proverbes*, du *Cantique des Cantiques*, de *l'Ecclésiaste*, du *Livre de la Sagesse*.

Après la fuite de Jéroboam, en Egypte, dix tribus se déclarent pour lui ; seules, les tribus de Juda et de Benjamin restent fidèles à la race de David, à Roboam.

Il y a donc deux royaumes { Royaume d'Israël. / Royaume de Juda } *C'est le schisme des 10 tribus.*

Rois d'Israël (976-721)	Jéroboam (976-955)	Fixe sa résidence à Sichem — Luttes continuelles avec Roboam. Fait élever des veaux d'or — Les divisions perdent Israël.
	Nadab (955-953)	Fils de Jéroboam — Prince cruel et débauché. Est tué et remplacé par un de ses généraux.
	Baaza (953-931)	Est vaincu par Asa roi de Juda.
	Ela (931-930)	
	Zamri	Sept jours de règne.
	Amri (930-919)	Il bâtit Samarie, qui devient capitale du royaume d'Israël.

ROIS		ÉVÈNEMENTS
Rois d'Israel (976-721)	Achab (949-896)	Est le fils d'Amri — Remarquable par sa cruauté. Jézabel, sa femme, mère d'Athalie, persécute le prophète Elie.
	Ochosias (896-893)	Fait adorer Baal, le Veau d'Or, etc.
	Joram (893-883)	Epoux d'Athalie.
	Jéhu (883 855)	
	Joakhas (855-839)	
	Joas (839-823)	Il fait périr Zacharie, fils de Joad — Est tué par Hazaël.
	Jéroboam II (823)	
	Manahem (770 759)	Tributaire du roi de Babylone.
	Phacéia (759-757)	Est tué par Phacée.
	Phacée (757 730)	Son royaume est envahi par Salmanazar. Troisième dénombrement d'Israël (741).
	Osée (730 721)	Dernier roi d'Israël — Est emmené captif à Babylone.
	Après trois ans de siège, Samarie est prise par le roi assyrien Salmanazar ; ce fut la fin du royaume d'Israël (721) qui ne fut jamais reconstitué.	
Rois de Juda (976-587)	Roboam (976-959)	Provoqua par sa tyrannie le schisme des dix tribus. Forma le royaume de Juda composé des tribus de Juda et de Benjamin. Jérusalem est prise par Sésac, roi de Jérusalem.
	Abiam (959-956)	Lutte contre Jéroboam.
	Asa (956-915)	
	Josaphat (915-890)	Bat les Ammonites et les Moabites. Les prophètes Elie et Elisée.
	Joram (890 884)	Marié à Athalie, fille d'Achab.
	Ochosias (884-882)	Est le fils de Joram et d'Athalie. Il est tué dans un combat contre Hazaël, roi de Syrie.

ROIS		ÉVÈNEMENTS
Rois de Juda (976-587)	Athalie (882-877)	Athalie succède à son fils Ochosias. Elle fait massacrer ses petits-fils, les enfants d'Ochosias, excepté Joas Joas est rétabli sur le trône par le grand prêtre Joad. Athalie est massacrée dans le Temple des Juifs. A inspiré une magnifique tragédie : *Athalie* par Racine.
	Joas (877-837)	Se distingue par son impiété. Fait périr Zacharie, fils de son bienfaitenr, le grand prêtre Joad. Est tué par Hazaël, roi de Syrie.
	Amasias (837-808)	Est le fils de Joas, roi de Juda. Il est battu par Joas, roi d'Israël et meurt assassiné.
	Asias (808-756)	Bat les Philistins et les Ammonites — Relève Jérusalem.
	Joathan (756-741)	Prince pieux — Règne prospère.
	Achaz (741-726)	Remarquable par son impiété.
	Ezéchias (726-697)	Voit son royaume envahi par Sennachérib, roi d'Assyrie (713). Un ange détruit 185.000 hommes en une nuit *(Bible)*. Le prophète Isaïe. — Rétablissement de la loi de Moïse.
	Manassé (637-642)	Fait scier le prophète Isaïe pour le punir de ses remontrances. Est emmené captif en Assyrie par Assar-Haddon. Retour à Jérusalem (645).
	Ammon (642-640)	
	Josias (640-609)	Lutte contre Néchao d'Egypte — Est tué dans une bataille.
	Joachaz (609)	Détrôné par Néchao, roi d'Egypte, après trois mois de règne.
	Joachim (609-598)	Fils de Josias, rétabli sur le trône par Néchao d'Egypte. Epoque du prophète Jérémie persécuté par Joachim. Joachim est vaincu par Nabuchodonosor, roi d'Assyrie. Celui ci ruine Jérusalem et emmène ses habitants en captivité.
	Sédécias (598-587)	Est emmené captif à Babylone par Nabuchodonosor. Captivité de Babylone (587). Destruction du royaume de Juda, de la ville et du Temple de Jérusalem. Epoque des prophètes Ezéchiel et Daniel. Daniel explique à Nabuchodonosor la signification des mots : Mané, Thécel, Thécel-Pharès.

L'Edit de Cyrus met fin à la captivité de 70 ans à Babylone, mais la Palestine reste sous la domination des Perses.

LA PALESTINE

- Est réunie à l'Empire d'Alexandre (332).
- Elle est obtenue par Ptolémée d'Egypte lors du partage du royaume d'Alexandre et reste aux Ptolémées jusqu'en 198.
- Elle est conquise par les Séleucides (198-168).
- Enfin, elle reprend son indépendance par la révolte dirigée par les Maccabées.

LES JUIFS DEPUIS 168 AVANT J.-C. A L'AN 70 APRÈS J.-C.

Cette famille des Maccabées ne donne d'abord que des chefs militaires et pontifes.

		ROIS	ÉVÈNEMENTS
NOUVEAU ROYAUME DES JUIFS	Les Maccabées	Mathathias (168-166)	Mathathias, prince des Juifs, chasse de Palestine les troupes d'Antiochus. Il a cinq fils : Jean, Simon, Judas, Eléazar, Jonathan. Refuse d'obéir aux officiers du roi. Sa mort (166).
		Judas (166-160)	Succède à son père et commande les Juifs révoltés contre leurs oppresseurs. Antiochus meurt en venant lutter contre les Juifs ; Démétrius continue la lutte. Il meurt en 160 en luttant contre l'armée de Bachide, général de Démétrius.
		Jonathas (160-144)	Grand prêtre des Juifs. Il chasse les Syriens de la Judée, par une guerre d'escarmouches. Il s'allie à Démétrius Nicator, puis au rival de celui-ci Antiochus VI. Il est assassiné par le tuteur d'Antiochus VI.
		Simon (144-135)	Est le frère des deux précédents — Est nommé grand pontife. Il fait reconnaître par Démétrius-Nicator l'indépendance de la Judée. Il est tué par son gendre Ptolémée (135).
		Jean Hyrcan (135-107)	Fils et successeur de Simon — Est souverain pontife. Règne glorieux et mémoire chère aux Juifs.
		Aristobule 1er roi (107-106)	
		Alexan[dre] Jannée (106-79)	
		Alexandra (79-70)	
		Hyrcan II (70-38)	Fils d'Alexandre Jannée et grand pontife. Est détrôné, rétabli, puis de nouveau détrôné et mis à mort par ordre d'Hérode, an 30.

NOUVEAU ROYAUME DES JUIFS

Hérode le Grand (38 an I après J.-C.)
- Avec Hérode commence une nouvelle famille : Famille Iduméenne.
- Hérode est le protégé des Romains.
- Il fait mettre à mort sa femme et cinq de ses fils.
- Il ordonne le Massacre des Innocents.
- Il est surnommé le Grand ? pour sa conduite pendant une famine.

Hérode-Antipas (1-39)
- Est le fils d'Hérode et tétrarque de la Pérée et de l'Iturée.
- Participe avec Ponce-Pilate au crucifiement de J.-C.
- Il est exilé et meurt en Espagne (39).

Ponce-Pilate est procurateur romain de 27 à 36.

Agrippa Ier (39-44)

Agrippa II (44-70)
- Jérusalem est assiégée depuis 66. Elle est prise par Titus.
- Ruine du Temple.
- Dispersion des Juifs (70).

Depuis l'an 70 après J.-C., la Palestine fut successivement sous la domination romaine jusqu'à la conquête musulmane (638), puis sous la domination musulmane jusqu'à la 1re croisade (1099).

Royaume latin de Jérusalem de 1099 à 1187.

Enfin nouvelle domination musulmane.

HISTOIRE GRECQUE

RACES HELLÉNIQUES

- **Les Pélasges** (2200-1600 ?)
  - Ont fait les travaux que l'on attribue aux Cyclopes : les galeries de Tirynthe, le Trésor d'Atrée, etc., etc.
  - Doivent avoir fondé les villes d'Argos, de Sicyone, d'Orchomène, Dodone en Epire.
- **Colons Orientaux** (1600-1300 ?)
  - Venus d'Egypte.
  - Cecrops s'établit dans l'Attique ; Danaüs à Argos ; Cadmus à Thèbes.
- **Les Hellènes** (1400-1300 ?)
  - Les Achéens occupent le Péloponnèse. Chefs : Agamemnon. Ménélas.
  - Les Eoliens prennent le centre et l'ouest de la Grèce. — Chefs : Achille. Ulysse. Nestor, Ajax.
  - Les Ioniens et les Doriens — Sparte et Athènes.

RELIGION GRECQUE

- Les Grecs font des dieux des phénomènes de la nature. Jupiter est l'air même. Neptune a l'Océan. Apollon est le soleil.
- Les dieux sont immortels, mais ils ont les qualités et les défauts des hommes.
- Chaque dieu a son domaine, sa ville, son peuple privilégié.
- **Les Dieux**
  - Grands dieux : 1° Jupiter, le roi du ciel ; 2° Junon, femme de Jupiter ; 3° Mars, dieu de la guerre ; 4° Vulcain, dieu du feu ; 5° Minerve ; 6° Mercure, dieu du vent ; 7° Apollon, le soleil ; 8° Diane, la lune ; 9° Vénus ; 10° Neptune ou le dieu de la mer ; 11° Vesta, déesse du feu ; 12° Cérès ou déesse des moissons.
  - Dieux secondaires
    - Pluton, dieu des morts ; Bacchus, dieu du vin ; Esculape ; Pan ; les Faunes ; les Dryades ; Naïades, les Néréides, etc.
    - Les Muses : 1° Clio (l'histoire) ; 2° Melpomène (tragédie) ; 3° Thalie (comédie) ; 4° Euterpe (musique) ; 5° Terpsichore (danse) ; 6° Erato (élégie) ; 7° Calliope (épopée) ; 8° Uranie (Astronomie) ; 9° Polymnie (éloquence).

RELIGION GRECQUE

- **Les Dieux**
  - Les Parques
    - Clotho tient le fuseau.
    - Lachésis file.
    - Atropos coupe le fil.
- **Les Champs-Elysées et le Tartare**
  - Caron reçoit les âmes dans sa barque — Passage de l'Achéron.
  - Cerbère (chien à trois têtes et à queue de serpent) garde l'entrée.
  - Les Juges des âmes
    - Minos.
    - Eaque.
    - Rhadamante.
  - Les bons vont aux Champs-Elysées ; les mauvais au Tartare.
  - Les Furies
    - Tisiphone.
    - Alecto.
    - Mégère.
- On cherche à apaiser les dieux par des prières, des libations, des immolations de taureaux, de génisses, etc., etc.
- On croit aux présages et aux songes.
- Associations religieuses — Les Amphictionies.
- **Jeux nationaux**
  - Isthmiques à Corinthe.
  - Néméens dans l'Argolide.
  - Pythiques à Delphes.
  - Olympiques en Elide.
  - La récompense était une couronne de laurier ou le poste le plus périlleux devant l'ennemi.
- **Les Oracles**
  - A Delphes — La Pythie et son trépied.
  - Dodone en Epire.
  - Ammon en Afrique.
- **Les Monstres**
  - Les Grées, trois femmes n'ayant qu'une dent et un œil.
  - Les Gorgones — les Harpyes — les Erinnyes.

LÉGENDES GRECQUES

- Les légendes des temps préhistoriques furent toujours très populaires en Grèce.
- **Cécrops (1580 ?)**
  - Venu d'Egypte ; avait le haut du corps d'un homme et le bas d'un serpent.
  - Il institue les lois du mariage, les rites funéraires, le tribunal de l'Aréopage.
- **Cadmus (1314 ?)**
  - Est considéré comme le fondateur de Thèbes.
  - Il va à la recherche de sa sœur Europe, enlevée par Zeus.
  - Il tue un dragon, en sème les dents qui se changent en hommes ; ceux-ci menacent Cadmus qui leur jette une pierre, et aussitôt ils se tuent les uns les autres, excepté cinq.
  - Sa fille Semelé se fait aimer de Jupiter et engendre Bacchus.
- **Pélops (1284 ?)**
  - Est tué par son père Tantale et servi en mets à Jupiter qui le ranime.
  - Supplice de Tantale.
  - Il est le père d'Atrée et de Thyeste qui s'établissent à Mycènes. Les Atrides.

LÉGENDES GRECQUES

- **Prométhée**
  - Est le fils d'Uranus.
  - Il irrite les dieux — Il est enchaîné sur le Caucase.
- **Deucalion**
  - Se sauve seul du déluge avec Pyrrha son épouse.
  - Obéissant à Zeus, il prend des pierres « os de sa mère » les jette par dessus son épaule, ces pierres deviennent des hommes, celles jetées par Pyrrha sont des femmes.
- **Bellérophon**
  - Dompte le cheval Pégase — Tue la Chimère.
  - Il épouse la fille de Iobate, roi de Lycie.
- **Persée**
  - Est le fils de Jupiter et de Danaë.
  - Il est enfermé avec sa mère dans un coffre, jeté à la mer et sauvé.
  - Il coupe la tête de Méduse, une des Gorgones.
  - Il délivre Andromède et l'épouse — Il tue son grand'père.
  - Il fonde Mycènes et fait bâtir les murs par les Cyclopes.
- **Hercule**
  - Etait le fils d'Alcmène, reine de Thèbes, et de Jupiter.
  - Il devient le serviteur d'Eurysthée, fils du roi d'Argos qui lui ordonne les choses les plus difficiles, connues sous le titre : les douze travaux d'Hercule.
  - Ses douze travaux
    - Il délivre d'un lion les campagnes de Thespies et la vallée de Nemée.
    - Il tue l'hydre de Lerne (monstre à neuf têtes de serpent).
    - Il tue le sanglier d'Erymanthe.
    - Il abat à coups de flèche les oiseaux du lac Stymphale.
    - Il saisit vivante la biche aux pieds d'airain.
    - Il nettoie les écuries d'Augias, en détournant une rivière, l'Alphée.
    - Il emporte le taureau de Crète.
    - Il fait manger Diomède par ses chevaux.
    - Il va chercher la ceinture d'Hippolyte, reine des Amazones.
    - Il tue le géant Géryon.
    - Il ravit les pommes d'or du jardin des Hespérides.
    - Il enchaîne Cerbère pour délivrer Thésée.
  - En outre de ces douze travaux, il extermine les Centaures et délivra Prométhée du vautour qui lui dévorait le foie.
  - Déjanire, sa femme, est jalouse et lui fait revêtir la tunique teinte du sang du centaure Nessus — Il meurt.
- **Thésée**
  - Thésée est le compagnon d'Hercule, est né à Trézène.
  - Il vainc les Pallantides — Il tue le Minotaure, enfermé dans le Labyrinthe.
  - Il ramène à Athènes, Ariane, fille du Minotaure.

LÉGENDES GRECQUES

Thésée
- Il combat les Amazones et épouse Antiope, leur reine.
- Il maudit son fils Hippolyte, qui, malgré son innocence, est dévoré par un monstre marin.

Œdipe
- Est exposé, dès sa naissance, sur le Cithéron, et sauvé par des pâtres.
- Il tue le Sphinx, monstre ayant la tête d'une femme, le corps et la queue d'un lion et des ailes d'oiseau.
- Il épouse sa mère — Peste d'Athènes.
- Il quitte Thèbes avec sa fille Antigone, va à Colone et disparait.

Castor et Pollux

Expédition des Argonautes
- Jason veut aller conquérir la Toison d'or, au bord de la Mer Noire
- Construction du navire Argo où Athéné a mis un morceau du chêne prophétique de Dodone.
- La magicienne Médée dit à Jason comment tuer le bélier à toison d'or.
- Jason revient avec Médée, l'épouse et la répudie.

Guerre des sept chefs
- Etéocle et Polynice, fils d'Œdipe, se disputent le pouvoir à Thèbes.
- Polynice se retire chez Adraste, roi d'Argos, et épouse sa fille.
- Adraste et Polynice reviennent devant Thèbes. Il y avait sept portes, un chef campait devant chacune d'elles.
- Un seul chef est sauvé, Adraste.

Guerre des Epigones
- Les fils des sept chefs reviennent lutter contre Thèbes qui succombe (1197).
- Thersandre règne — Le devin Tirésias,

Guerre de Troie (1193-1184 ?)
- Enlèvement par Pâris, d'Hélène, femme de Ménélas, roi de Sparte.
- Les chefs : Agamemnon, frère de Ménélas « roi des rois » — Ménélas — Nestor — Ajax — Diomède — Machaon — Ulysse — Achille.
- Armement de la Grèce.
- A Aulis, sacrifice d'Iphigénie, fille d'Agamemnon.
- Querelle d'Agamemnon et d'Achille, au sujet de l'esclave Briséïs.
- Enlèvement du Palladium donné à Troie, par Jupiter.
- Le cheval de bois — Prise de Troie — Enée en Italie.
- Le plus célèbre des retours des chefs Grecs est celui d'Ulysse. Homère l'a raconté dans l'*Odyssée*.
- Les principaux épisodes de cette épopée sont : 1° Histoire du Cyclope Polyphème ; 2° La magicienne Circé ; 3° Charybde et Scylla ; 4° la déesse Calypso.

LES COLONIES GRECQUES

1re Période
- Colonies Eoliennes (1124 ?) : Occupent d'abord l'Asie-Mineure, puis la Mysie, Lesbos, Ténédos. La ville la plus importante est Cumes.
- Colonies Ioniennes (1044 ?) Samos, Chios, Milet, Smyrne, Ephèse, Phocée.
- Colonies Doriennes : la Crète, Cos, Rhodes, les côtes de l'Asie Mineure.
- Colonies au sud de l'Asie Mineure et Chypre.

2e Période
- Erétrie Chalcis, Mégare se distinguent à cette époque.
- Potidée et Olynthe se civilisent.
- Colonisation de Samothrace et de Thasos.
- Corinthe fonde Corcyre et Dyrrachium.

Commerce de l'Ionie : Phocée et Milet font explorer la Méditerranée.—Arts de l'Ionie : chapiteaux, dorique, ionique.

Invasion des Doriens
- Mouvements des peuples en Grèce.
- Tentative des Héraclides pour entrer dans le Péloponnèse : Cresphonte obtient la Messénie ; Aristodème, la Laconie ; Temenos, l'Argolide.
- Mort du roi Codrus (1045) qui se dévoue pour sauver l'Attique.

Extension de la race Grecque en Italie, en Sicile et en Afrique.

Fondation de
- Marseille (France) ; Sagonte (Espagne) ; Cyrène (Afrique).
- Sybaris, Crotone, Tarente, Rhegium, etc., etc., en Italie.

SPARTE

ÉVÉNEMENTS

Les Classes
- Les Doriens ou maitres, habitent surtout Sparte.
- Les Laconiens ou sujets.
- Les Hilotes ou esclaves (200 000 h.).

Institutions de Lycurgue IXe siècle avant J.-C.
- Incertitude sur la vie et les actes de Lycurgue.
- Politiques
  - Partage du pouvoir.
  - Sénat composé de 28 vieillards âgés de 60 ans.
  - Assemblée générale réunie chaque mois.
- Civiles
  - Egalité complète des citoyens.
  - Partage des biens — Repas communs.
  - Exercices militaires.
  - Les enfants sont à l'Etat. On tue ceux qui naissent difformes.
  - Dévouement absolu à la patrie.

LITTÉRATURE

REMARQUE IMPORTANTE. — *Comme la littérature grecque dure plus longtemps que l'histoire, nous avons classé les auteurs non par ordre chronologique, mais par familles.*

POÉSIE EPIQUE

Homère
- *l'Iliade — l'Odyssée.*
- *les Hymnes — le Margitès.*
- *la Batrachomyomachie.*

Les Rhapsodes ou chanteurs.

Les Diascevastes ou arrangeurs.

Poèmes cycliques
- Arctinos
  - *l'Ethiopide* (5 livres).
  - *Destruction d'Ilion.*
- Seschès — *la petite Iliade.*
- Agias — *les Retours.*
- Eugamnon — *la Télégonie.*

ÉVÈNEMENTS

Institutions de Lycurgue (IXe siècle avant J.-C.)

- Mépris complet pour les arts — Le laconisme.
- Les Ephores (5) élus chaque année, chefs du pouvoir.

Première guerre de Méssénie (743-723)

- Causes
  - Dispute des Spartiates et des Messéniens sur le Taygète
  - Polycharès a un fils assassiné.
- Les Spartiates prennent Amphiée, ville limitrophe.
- Guerre d'abord indécise — Siège d'Ithôme (10 ans).
- Aristodémos immole sa fille — Il est élu roi.
- Défaite des Lacédémoniens près d'Ithôme.
- Les Spartiates trompent les Mésséniens — Aristodémos se tue ; soumission des Mésséniens.

Deuxième guerre de Méssénie (685-668)

- Aristomène soulève les Messéniens.
- Tyrtée soulève les Spartiates par ses chants de guerre.
- Victoire d'Aristomène à Stényclaros.
- Aristomène se retire sur le mont Ira et y reste 11 ans — Il est jeté dans la Céada, gouffre où l'on précipitait les malfaiteurs, mais il n'est pas tué.
- La ville d'Ira est prise — Aristomène se retire chez les Arcadiens (668) et les soulève.
- Les Mésséniens sont vaincus, dispersés et répartis parmi les Hilotes — Aristomène se retire et meurt à Rhodes.

Grandeur de Sparte en 490

- Sparte lutte victorieusement contre Tégée — Découverte du cercueil d'Oreste.
- Guerre contre Argos pour la possession de Thyrée et de la Cynurie, pays montagneux.
- Combat de 300 Spartiates contre 300 Argiens.
- Sparte est l'alliée de tous, excepté les Achéens et les Argiens et a *l'Hégémonie* (direction de la guerre.

LITTÉRATURE

Hésiode

- *les Œuvres et les Jours.*
- *la Théogonie.*
- *les Grandes Eées.*
- Ouvrages perdus qui lui sont attribués
  - *Ornithomancie.*
  - *Heroogonie.*
  - *Epithalame de Pelée et Thétis.*

Eumèle de Corinthe

- *les Corinthiaca.*
- *Europeia.*

Asios de Samos.

Pisandre.

Poésie Lyrique

Callinus invente la poésie lyrique.

Tyrtée — *l'Eunomie.*

Mimnerme.

Solon — *Conseils aux Athéniens.*

Théognis de Mégare (570 + ?

Chilon de Sparte.

Bias de Priène.

Pittacos de Mitylène.

Xénophane de Colophon (580-480).

Simonide — *Epigrammes.*

Poètes élégiaques

- Ion.
- Critias.
- Evenos.

ATHÈNES

ÉVÈNEMENTS

L'Attique
- L'attaque s'avance en pointe dans la mer Egée et se termine par le cap Sunnium.
- Montagne de l'Hymette — Mines du Laurium.
- Un gros ruisseau : le Céphise.

Thésée
- Thésée fut, dit-on, le premier roi d'Athènes, vers 1300. C'est un personnage, moitié homme, moitié dieu.
- Sous lui, Athènes devint capitale de l'Attique.

Codrus
- Personnage légendaire.

L'Archontat
- La royauté est abolie après Codrus — L'archontat (1045) fut d'abord à vie, puis décennal (752), annuel (684), et partagé en neuf archontes choisis chez les Eupatrides (bien nés).
- Organisation
  - L'Archonte-roi ou prêtre.
  - Le Polémarque archonte chargé de la guerre.
  - Les Thesmothètes ou autres archontes.
  - Aréopage : sanctuaire et conseil de justice.

Les Législateurs
- Dracon (621) — Lois trop sévères et inapplicables.
- Cylon — Veut s'emparer du pouvoir et d'Athènes ; Échec (612).
- Épiménide.
- Solon (639 +)
  - Est chargé de réformer les lois (595).
  - Diminution du taux de l'intérêt.
  - Les biens du débiteur insolvable ne sont pas livrés.
  - Partage du peuple en quatre classes, d'après la fortune.
  - Sénat de 400 membres renouvelables chaque année.
  - L'aréopage est le tribunal suprême.

LITTÉRATURE

Poésie Iambique

- Archiloque (720 - ?) quelques fragments.
- Simonide d'Amorgos.
- Hipponax
  - Créateur de la poésie choliambique.
  - Créateur de la parodie.
- Esope — *les Fables*.

Poésie Lyrique proprement dite

- Therpandre (VIIIe s.)
  - Ses poésies sont perdues.
  - Il met sept cordes à la lyre au lieu de quatre.
- Alcman (VIIe s)
  - Créateur de la strophe.
  - *les Parthénies*.
- Stésichore (630-550)
  - Créateur de l'épode.
  - *Géryon — Cerbère — Destruction de Troie — Le retour des Héros*, etc, etc.
  - *Europe*, *Eriphyle*, etc, etc.

Poésie Lyrique Eolienne à Lesbos

- Alcée chante la guerre, la paix, les festins.
- Sappho (627-570)
  - Née dans l'île de Lesbos.
  - Elle chante l'amour — Compose des épithalames et des élégies.

à Samos

- Ibycos — *les Funérailles de Pelias*.
- Anacréon (560-475)
  - *Odes — la Colombe — la Rose — l'Amour mouillé*, etc.
- Simonide de Céos (556-467)
  - Exprime surtout les sentiments pathétiques — *Elégie sur Danaé*.

	ÉVÈNEMENTS		LITTÉRATURE
LES LÉGISLATEURS	Solon (639 +	Loi pour interdire le luxe de la toilette. On pouvait enlever leur fortune aux prodigues.	BACCHYLIDE. Pindare (522-442) : *les Odes triomphales — les Epinicies — les Olympiques — les Pythiques — les Néméennes — les Isthmiques — Hymne en l'honneur des vainqueurs.*
PISISTRATE (560-527)	Nouvelles divisions à Athènes	Les Pédéiens, gens de la plaine. Les Paraliens, gens de la côte. Les Diacriens, gens de la montagne.	LA PROSE Les sept Sages (650 540) : Thalès de Milet. Pittacus de Mitylène. Bias de Priène. Créobule de Lindos. Myson. Chilon de Sparte. Solon d'Athènes.
	Pisistrate, chef des Diacriens, se rend maître de la cité, malgré les lois. Il fonde la première bibliothèque publique. Il réunit les chants de l'Iliade et de l'Odyssée. Il est chassé d'Athènes, puis s'entend avec Mégaclès, chef des Paraliens. Pisistrate revient maître à Athènes.		
LES FILS DE PISISTRATE (527-510)	Hipparque et Hippias	Révolte d'Armodius et d'Aristogiton qui tuent Hipparque. Aristogiton est exécuté (514). Tyrannie d'Hippias — Sa fuite chez les Perses.	PHILOSOPHIE Thalès de Milet (639-546) — *Astrologie nautique?* Anaximandre (611-547) — *Anaximène.* Pythagore (569-470) : *Croyance à la métempsycose. La Légende sacrée.*
	Les Pisistratides sont remplacés par les Alcméonides.		Xénophane de Colophon (580-480) — *Poème sur la nature.*
LES ALCMÉONIDES ARCHONTAT DE CLISTHÈNE (508)	Mégaclès, fils d'Alcméon, épouse la fille de Clisthène. Clisthène, fils de Mégaclès, lutte contre Isagoras, chef des grands, soutenu par Cléomène, roi de Sparte. Isagoras est élu archonte. Clisthène s'entend avec le peuple et obtient le pouvoir. Abolition des quatre tribus, remplacées par dix nouvelles. Augmentation du nombre des sénateurs de 4 à 500. Les sénateurs siègent tous les jours ; ils sont divisés en sections, subdivisées en commissions.		HISTOIRE Les Logographes. Cadmus de Milet. Hératée de Milet (540-480) : *Tour du monde. Généalogie.* Charon de Lampsaque. Denis de Milet.

	ÉVÈNEMENTS
Les Alcméonides Archontat de Clisthène (508)	Les archontes sont élus, et non désignés par le sort. Chaque tribu a ses hoplites, ses cavaliers, son général. On attribue à Clisthène l'établissement de l'ostracisme. Cléomène chasse d'Athènes Clisthène, qui revient.

Victoire complète d'Athènes sur Sparte.

LES GUERRES MÉDIQUES

	ÉVÈNEMENTS
Causes	Un grec, Democédès, trompe Darius pour revoir Crotone, sa patrie — Atossa veut des femmes grecques pour esclaves. Hippias veut être rétabli à Athènes. Les Aleuades de Thessalie demandent à être délivrés de leurs ennemis. Puissance même d'Athènes Révolte des Ioniens. — Prise de Milet. Les Grecs d'Asie sont soumis au roi de Perse (404).
Première Guerre Médique (493-490)	L'expédition de Mardonius, gendre de Darius, échoue au Mont Athos (493) — Hérauts perses tués à Sparte et à Athènes. Deuxième expédition conduite par Datis et Artapherne, qui débarque à Marathon — 11,000 Grecs contre 110,000 Perses. Miltiade : Général Grec, roi de Thrace, veut la bataille. Bataille de Marathon (490), 6,400 Perses y sont tués contre 192 Athéniens. 2,000 guerriers spartiates arrivent trop tard. Miltiade va attaquer la ville de Paros ; il échoue et est condamné à payer 50 talents.

	LITTERATURE — La Tragédie
Thespis	Inventeur de la tragédie. Il mêle aux chants dithyrambiques un personnage qui interroge le chœur et lui répond. Titre des pièces : *Jeux funèbres de Pélias. Alceste, Penthée. les Prêtres.*
Pratinos	Sépare de la tragédie le chœur des satyres.
Phrynichos	Introduit le rôle des femmes dans le chœur et le dialogue. *Prise de Milet* (477) — *les Phéniciennes.*
Chœrilos	Invente le masque.
Eschyle (525-456)	70 drames, dont 7 seulement sont conservés : *les Perses* (472) — *les sept contre Thèbes* (471) — *Promethée enchaîné* — *les Suppliantes.*

ÉVÈNEMENTS

Les Chefs à Athènes

- Trois hommes remplacent Miltiade :
  - Thémistocle.
  - Aristide.
  - Xantippe.
- Thémistocle :
  - Issu d'une famille noble et riche, il s'appuie sur le peuple d'Athènes.
  - Il fait créer une flotte et creuser un port, le Pirée.
  - On construit 200 trières, pour lutter contre Egine.
- Aristide :
  - Surnommé le Juste ; s'appuie sur l'aristocratie.
  - Il est l'ennemi de Thémistocle — Est banni par l'ostracisme.

Deuxième Guerre Médique (480-479)

- Mort de Darius (486) ; son fils Xerxès lui succède.
- Causes :
  - Mardonius veut conquérir la Grèce.
  - Les Pisistratides désirent revenir à Athènes.
- Xerxès prépare l'expédition pendant 4 ans.
- Pont sur l'Hellespont (480).
- 5,000,000 d'hommes de 46 nations sont comptés dans la plaine de Doriscos.
- Les Grecs quittent leur ville et se réunissent sur leurs vaisseaux — Xerxès s'avance par terre en Thessalie — Léonidas défend les Thermopyles ; le traître Ephialte indique la route aux Perses.
- Xerxès entre à Athènes (480).
- Bataille de Salamine — Fuite de Xerxès.
- Mardonius reste en Grèce avec 300,000 hommes.
- L'Attique est délaissée, Mardonius rentre à Athènes.
- Athènes demande du secours à Sparte.
- Pausanias + 468 :
  - Est nommé chef des Athéniens et Spartiates.
  - Les deux armées se rencontrent en Béotie.
  - Bataille de Platée (479) — Mort de Mardonius.

LITTÉRATURE

- Eschyle (525-456) :
  - L'Orestie (trilogie) : *Agamemnon*, *les Choéphores*, *les Euménides.*
- Sophocle (495-405) :
  - Il est vainqueur d'Eschyle (468).
  - Il nous reste sept tragédies sur cent : *Antigone* (440) *Electre* — *les Trachiniennes* — *Œdipe roi* (vers 430) — *Ajax* — *Philoctète* (410) — *Œdipe à Colone* (401).
- Euripide (480-406) :
  - Il nous reste de cet auteur 18 tragédies, un drame satyrique : le *Cyclope*, sur 90 pièces.
  - *Alceste* (438) — *Médée* (431) — *Hippolyte couronné* (429) — *Hécube* (424) — *les Suppliantes* (425) — *les Héraclides* — *Andromaque* — *Hercule furieux* (420) — *les Troyennes* (415) — *Electre* (413) — *Hélène* (412) — *Ion* (410) — *Iphigénie en Tauride* (410) — *les Phéniciennes*, *Oreste* (408) — *les Bacchantes et Iphigénie en Aulide* (406).

La Comédie

- Divisions en :
  - Ancienne (487-404).
  - Moyenne (404-336).
  - Nouvelle Comédie.
- Chéonide Magnès :
  - Allusions locales et railleries personnelles.
- Cratinos (520-422) :
  - S'occupe de politique et des intérêts de la cité — Il a composé 21 pièces.

ÉVÈNEMENTS

Deuxième Guerre Médique (480-479)

- **Pausanias + 468**
  - Défaite complète et fuite des Perses.
  - Triomphe de la flotte grecque sur les Perses à Mycale (479).
  - Orgueil et projets ambitieux de Pausanias ; sa correspondance avec Xerxès ; il veut épouser une fille du grand roi ; ses projets sont découverts.
  - Il meurt dans le Temple de Minerve (468).
- Les guerres médiques peuvent être considérées comme terminées après Mycale, puisque les Perses retournent dans leur patrie.

LITTÉRATURE

- **Cratès**
  - Délaisse la politique.
  - Cherche à tracer des caractères.
- **Eupolis (446 - ?)**
  - *Les Hilotes.*
  - Collabore avec Aristophane pour *les Chevaliers.*
- **Aristophane (444-380)**
  - Nous avons 11 comédies sur 54 : *les Acharniens* (426) — *les Chevaliers* (425) — *les Nuées* (424) — *les Guêpes* (423) — *la Paix* (421) — *les Oiseaux* (414) — *Lysistrata* (412) — *les Fêtes de Cérès et de Proserpine* (411) — *les Grenouilles* (406) — *l'Assemblée des Femmes* (393) — *Plutus* (409).

EMPIRE D'ATHÈNES

ÉVÈNEMENTS

Thémistocle

- Thémistocle fait relever les murs d'Athènes, malgré les réclamations des Spartiates — Sa réponse à leurs envoyés.
- Il construit le Pirée et veut augmenter la flotte.
- On lui reproche sa fortune, son ambition ; il est banni par l'ostracisme et se retire en Epire, chez Admète, poursuivi par les Athéniens ; il va en Perse, devient favori du roi roi Artaxerxès, et meurt à Magnésie.

Cimon

- Fils de Miltiade ; paie l'amende de 50 talents imposée à son père.
- Libéral, bon pour les indigents ; il lutte contre les Perses et les chasse de la Carie et de la Lydie.
- Il s'empare de Scyros (476) et fonde à Athènes, le temple de Thésée, pour y mettre les ossements du héros.
- Il réussit à soumettre les alliés d'Athènes révoltés.

La Parodie

- **Hégémon** — *La Gigantomachie.*
- **Matron.**

Histoire

- **Hérodote (484-406)**
  - Surnommé le père de l'Histoire.
  - *Ses Histoires*, ou plutôt *Lutte de la Grèce contre l'Asie.*
- **Thucydide (471-402)**
  - *Histoire de la guerre des Péloponnésiens et des Athéniens* (8 livres).
- **Xénophon (445-355)**
  - *L'Anabase* — *les Helléniques* (7 livres) — *la Cyropédie* (8 livres) — *l'Eloge d'Agésilas* — *le gouvernement de Sparte* — *le gouvernement d'Athènes* — *Sur les revenus d'Athènes.*

ÉVÈNEMENTS

CIMON — Il est banni par ostracisme (459), puis rappelé (457), et chargé d'aller prendre l'île de Chypre ; il y mourût (451).

Fin des guerres médiques par un traité qui reconnaissait la mer Egée pour mer hellénique, et qui défendait aux Perses d'envoyer un vaisseau de guerre sur les côtes de la Lycie et au-delà de l'entrée du Bosphore de Thrace.

Cette paix fut quelquefois appelée « la paix de Cimon. »

PÉRICLÈS (492-429)

- Descend de la famille des Alcméonides — Caractère simple, modeste — vie frugale ; éloquent, habile et vigoureux dans la discussion ; exerce pouvoir absolu à Athènes — Devient le chef du parti démocratique.
- Empire d'Athènes
  - Villes sujettes : Egine et l'Eubée, Naxos, beaucoup de lieux en Chersonèse. — Ces villes doivent se démanteler, livrer leurs vaisseaux de guerre, et payer un tribut.
  - Villes alliés : A partir de Cimon, Athènes seule commande ; les autres villes trafiquent et labourent — Elles conservent leur constitution intérieure — Droit de guerre privée — Samos, Milet, etc.

LITTÉRATURE

Xénophon (445-355)

- OUVRAGES PHILOSOPHIQUES : *Mémorable de Socrate — Apologie de Socrate — — Hiéron — l'Economique.*
- OUVRAGES DIDACTIQUES : *Le Commandant de Cavalerie — l'Equitation — Sur la Chasse.*

Ctésias — *Histoire de Perse.*

Philistos (435-356) — *Histoire de Sicile.*

Théopompe (378-305) — *Histoire de la Grèce* ; *Histoire de Philippe.*

Ephore (380-330) — *Histoire de la Grèce*

MÉDECINE

Hippocrate (460-?) — D'après Littré, Hippocrate a écrit : *Des Airs — Des Eaux et des Lieux — Des Plaies de la Tête — Des Fractures — Des Articulations — Des Instruments de réduction — Le Serment — La Loi*, etc., etc.

EVÈNEMENTS

Périclès (492-429)

- Empire d'Athènes
  - Villes alliées
    - Sanos se révolte contre Athènes (440)
    - Elle est vaincue après 9 mois de siège.
  - Colonies
    - Huit à dix millions de tributaires.
    - L'Eubée reçoit 4.000 colons — Chalcis, la Tauride, Andros, Thrace, Sinope, etc.
- Périclès rend le peuple maître de tout : *c'est la démocratie.*
- Tribunaux des héliastes — les juges sont rétribués ; les archontes et les sénateurs élus ; ils doivent rendre compte de leur charge.
- Tous peuvent parvenir aux charges.
- Les riches doivent subvenir aux frais des spectacles et des fêtes donnés à la cité.
- Embellissements d'Athènes, — Monuments, — Sculpture.
- Il meurt de la peste (429).

LITTÉRATURE

Périclès fait construire sur l'Acropole : *le Parthénon*, temple consacré à Minerve, la déesse protectrice de la cité.

Phidias est l'auteur des sculptures qui ornaient les diverses parties du temple — Il a fait aussi la statue de Minerve : *Athéna-Parthénos*, dont les bas-reliefs sont merveilleux.

Sculpteurs contemporains de Phidias
- Calamis.
- Myron a fait le Discobole.
- Polyclète a fixé les proportions parfaites du corps humain.

Pour les monuments et les fêtes à Athènes ; la vie en Grèce et les lettres ; lire l'*Histoire de la Grèce ancienne*, par M. Ch. Seignobos (édition Colin Armand), p. 344 à 385.

GUERRE DU PÉLOPONNÈSE (431-304)

EVÈNEMENTS

- Causes
  - Jalousie de Sparte, qui a la meilleure armée, mais voudrait détruire la flotte d'Athènes.
  - Plaintes des alliées (villes maritimes) d'Athènes.
  - Guerre entre Corinthe et Corcyre — Athènes se déclare pour Corcyre.

La ville de Thèbes, ennemie d'Athènes, essaie de prendre Platée, une ville alliée.

Les Platéens massacrent les Thébains et reçoivent l'aide des Athéniens.

LITTÉRATURE

ÉLOQUENCE

Aptitudes naturelles des Grecs pour l'éloquence.

- Sophistes
  - Protagoras d'Abdère (480-410)
  - Prodicos de Céos.
  - Hippias d'Elis.
- La rhétorique en Sicile
  - Empédocle d'Agrigente.
  - Coras — Tisias — Gorgias.

ÉVÈNEMENTS

Invasion de l'Attique par les Spartiates (431) — Pillage du pays.

Peste d'Athènes (430) — Mort de Périclès (429).

Prise de Platée par les Spartiates, massacre des habitants et destruction de la ville.

Révolte et prise de Mitylène, qui avait passé aux Péloponnésiens.

Cléon
- Chef du parti démocratique, a pour ennemi Nicias.
- Le général Démosthène débarque à Pylos; les Spartiates débarquent en face, sur la petite île de Sphactérie; perte de la flotte lacédémonienne (425).
- Députés Spartiates à Athènes pour demander la paix; ils échouent.
- Cléon est adjoint à Démosthène — Mort de Cléon (422).

Le Spartiate Brasidas s'empare d'Amphipolis, et y est tué (422).

Paix de Nicias (421)
- Les conquêtes sont rendues de part et d'autre.
- On signe une paix de 50 ans.

La guerre continue entre Corinthe et Athènes, entre Sparte et Argos.

Alcibiade
- Descend de la famille des Alcméonides.
- Enfant gâté d'Athènes — Esprit violent, original.
- Il est pour la guerre; Nicias veut la paix.
- Expédition de Sicile (414) Trois chefs: Nicias. Alcibiade. Lamachos.
- Arrivé en Sicile, Alcibiade est forcé de revenir à Athènes, pour se justifier; il est banni et se retire à Sparte.

Nicias
- Nicias attaque Syracuse — Démosthène vient à son secours.
- Ils sont battus par les Syracusains, et mis à mort (413).
- Le roi de Perse s'allie à Sparte contre Athènes, pour lui reprendre les villes grecques d'Asie.
- Alcibiade que Sparte trouve trop dangereux, se rend chez Tissapherne, et le détache de l'alliance lacédémonienne.
- Retour d'Alcibiade à Athènes (411).
- Lysandre et Callicratidas, chefs de la flotte lacédémonienne.

LITTÉRATURE

A Athènes

Antiphon (480-411).

Andocide (467-?)
- *Sur les Mystères — sur la Paix — sur son Retour de l'Exil.*
- Contre Alcibiade.

Lysias (458-378)
- Contre Eratosthène.
- Il nous reste 35 discours.

Isocrate (436-338)
- *Le Panégyrique d'Athènes*
- *10 Lettres sur la Politique*
- *Traité de Rhétorique.*

Issé.

Lycurgue (396-323)
- *Discours contre Léocrate.*
- *Discours contre Lysiclès.*

Eschine (390-314)
- Adversaire de Démosthène.
- *Discours contre Ctésiphon.*
- *Discours contre Timarque sur l'Ambassade.*
- (Neuf lettres).

Démosthène (383-322)
- *Discours sur les Symmories ou sur les Classes des Armateurs* (354).
- *Discours pour les Mégalopolitains* (354).
- *Les 3 Olynthiennes* (349-347).
- *Les Philippiques.*
- *Discours sur la Chersonèse.*
- *Discours sur les Prévarications de l'Ambassade.*
- *Discours sur la Couronne* (330).
- 4 discours pour affaires de succession.
- 9 pour affaires commerciales.

Hypéride (395-322)
- Il a composé 77 discours.
- 2 ont été retrouvés en 1848.

	ÉVÉNEMENTS	LITTÉRATURE
Lysandre et Callicratidas Chefs Lacédémoniens	Conon et la flotte athénienne sont bloqués à Mitylène. Les deux flottes se rencontrent près des îles Arginuses (406) et les Péloponnésiens sont vaincus ; Callicratidas est noyé. Bataille d'Ægos Potamos (405), gagnée par Lysandre. Lysandre vient assiéger Athènes qui, affamée, se rend (404). Lysandre impose à Athènes un gouvernement de 30 tyrans (404), et dicte les conditions suivantes : 1° Démolition du rempart du Pirée et des Longs Murs ; 2° destruction des navires de guerre ; 3° rappel des exilés ; 4° renonciation à toute possession en dehors de l'Attique ; 5° alliance avec Sparte.	Ces dix orateurs formèrent le Canon, c'est-à-dire livre où l'on avait dressé la liste des orateurs que l'on pouvait prendre pour modèles. Orateurs secondaires : Démade, Démocharès (350-275). Démetrius de Phalère (348-283). A partir de cette époque, on crée quelques écoles où on fit des manuels de rhétorique ; on fit des recueils avec exemple d'écrivains classiques ; on ne parle plus pour développer un sujet, mais simplement pour décocher quelques traits spirituels.

LA SUPRÉMATIE DE SPARTE

	ÉVÉNEMENTS	LITTÉRATURE
	Les mercenaires de Sparte et d'Athènes se rendent à Cyrus.	**Philosophie**
Décadence de la Perse	Marathon — Salamine — Platée, Mycale — Princes incapables — Révolutions de palais — Agitation des provinces.	Héraclite (540-480) — *Sur la Nature.* Anaxagore (500-426).
Cyrus et les Grecs	Il commande à 100,000 barbares. — Il reste satrape de Lydie. Il augmente la solde — Les mercenaires le suivent en Syrie jusqu'à Babylone — Il lutte contre son frère Artaxerxès. Bataille de Cunaxa (401) — Mort de Cyrus.	Démocrite d'Abdère (460-359) : Ouvrages sur toutes sortes de sujets. Ces trois Ioniens placent l'être dans la matière.
Retraite des Dix-Mille	Longueur de 5,800 kilomètres à travers des déserts et des montagnes. Disette — Rencontre de peuplades sauvages. Après la mort de Cyrus, Artaxerxès cherche à gagner les Grecs. Tissapherne fait tuer leurs généraux — Xénophon est élu général et sauve l'armée — Ils sont bien accueillis chez le satrape d'Arménie — Ils franchissent le Phase, l'Hacpédos, et traversent le pays des Chalybes.	Les Pythagoriciens : Philolaos — Enseigne le double mouvement de la terre. Ces philosophes placent l'être dans le nombre. Les Eléates placent l'être dans la pensée. Les Eléates : Parménide — *Sur la Nature.* Zénon — *Les Controverses.*

ÉVÈNEMENTS

Retraite des Dix-Mille — Ils arrivent à Trapézonde, viennent jusqu'à Chrysopolis, près de Byzance, et s'embarquent.

Lysandre est maître des villes grecques d'Asie ; il y nomme des conseils ; il devient orgueilleux, hautain ; Sparte le fait revenir.

Agésilas
- Ami de Lysandre, est nommé roi de Sparte.
- Agésilas part avec Lysandre, en Asie, Lysandre a tous les honneurs.
- Agésilas bat Tissapherne, général du grand roi.
- Sparte le rappelle ; il quitte l'Asie (394), car les Perses avaient payé Thèbes, Corinthe, Athènes, Argos, pour lutter contre Sparte.
- Lysandre est tué en luttant contre Thèbes (395).
- L'Athénien Conon bat la flotte lacédémonienne près de Cnide (394).
- La guerre se cantonne autour de Corinthe.
- L'Athénien Iphicrate commande les mercenaires, entreprend une guerre de manœuvres et de tactique.

Conon relève à Athènes les longs murs (393) avec le concours de Thèbes.

Sparte et les Perses se réconcilient pour détruire la puissance renaissante d'Athènes. Les Grecs d'Europe renoncent à aider les Grecs d'Asie.

Antalcidas, qui avait conclu l'alliance de Sparte et des Perses, a laissé son nom au traité d'Antalcidas (387).

Sparte détruit ensuite Mantinée, parce qu'elle a une constitution démocratique.

Elle rétablit à Phlionte le parti des grands (383) — Elle relève Platée.

Elle fait la guerre à Olynthe (382) qui se soumet (379).

LITTÉRATURE

Les Eléates
- **Zénon** : *Explications d'Empédocle contre les philosophes naturalistes*
- **Empédocle** : *Hymne à Apollon*. Poème : *Expédition de Xerxès*. *Sur la Médecine*. *Sur la Nature*.

Socrate (468-399) n'a laissé aucun livre.

Les Elèves de Socrate

Xénophon (445-355)
- *Mémoires sur Socrate.*
- *Apologie de Socrate.*
- *Le Banquet des Philosophes.*
- *L'Économique.*

Platon (430 347)
- 27 dialogues authentiques.
- Dialogues métaphysiques : *Eutydine* ou *la Sophistique*. *Tléétète* ou *de la Science*. *Cratyle* — *le Sophiste*. *Parménide* — *Timée*. *Critias*.
- Dialogues moraux : *Le 1er Alcibiade*. *Philèbe* ou *du plaisir*. *Ménon* — *Protagoras*.

PUISSANCE DE THÈBES

ÉVÈNEMENTS

Sparte s'était emparée de la Cadmée, la citadelle de Thèbes.

Pélopidas
- Pélopidas réfugié à Athènes veut délivrer Thèbes.
- Il conspire avec Charon et Phyllidas, à Athènes, pendant que Epaminondas le fait à Athènes.
- Thèbes est délivrée de ses tyrans (379), et la garnison spartiate chassée de la Cadmée.
- Il organise le fameux bataillon sacré formé de 300 jeunes gens des meilleures familles.

Epaminondas
- Homme simple, prudent, austère et au courage indomptable.
- Sparte envoie Agésilas en Béotie — Il est battu par Pélopidas, ami d'Epaminondas, avec le bataillon sacré.
- Paix entre Sparte et Athènes (371) pour ruiner Thèbes.
- Le roi de Sparte, Cléombrote, envahit la Béotie; les Thébains, sous la conduite d'Epaminondas, gagnent la bataille de Leuctres (371) sur les Spartiates
- Les Arcadiens fondent Mégalopolis (371) après la défaite de Sparte.
- Invasion d'Epaminondas dans le Péloponnèse; sa marche sur Sparte — Sparte sauvée par Agésilas.
- Epaminondas fonde Messène, sur le mont Ithôme.
- Il revient en Béotie; on l'accusa d'avoir gardé son commandement 4 mois de trop; il est acquitté (369).

Pélopidas est envoyé au secours des Thessaliens; il passe ensuite en Macédoine, et est mis en prison par le tyran Alexandre de Phères.

Mort de Pélopidas (364).

Alliance de Thèbes avec la Perse (367).

Epaminondas lutte contre le Spartiate Agésilas à Mantinée (362); il y est tué.

La paix est signée, à condition que la Messénie resterait indépendante.

LITTÉRATURE

Platon (430-347)
- Dialogues moraux
  - *Eutyphon — Criton.*
  - *Apologie de Socrate.*
  - *Phédon — Lysis.*
  - *Charmide — Lachès.*
  - *La Politique — les Lois — la République.*
- Dialogues esthétiques
  - *Le Banquet — Phèdre.*
  - *Gorgias — Hippias.*
  - *Menexène — Ion.*
- Quelques poésies.

Aristote (384-322)
- A été le précepteur d'Alexandre.
- *Hymne à la Vertu* — *la Poétique* — *la Rhétorique* (3 livres).
- L'*Organon*, composé de :
  - 1° Les Catégories ;
  - 2° L'Interprétation ;
  - 3° Les premiers Analytiques ;
  - 4° Les derniers Analytiques ;
  - 5° Les Topiques ;
  - 6° Les Réfutations des Sophismes.

Théophraste (372-?)
- Elève d'Aristote.
- Livre sur les Plantes.
- Les Caractères.

LA MACÉDOINE

ÉVÈNEMENTS

La Macédoine s'étendait au nord de la Thessalie, derrière le mont Olympe — Peu de ports — Pays de culture et de pâturages.

Les habitants formaient un mélange de race barbare et de race grecque.

La Macédoine est misérable avant Philippe II ; elle est soumise aux Illyriens.

Sur les premiers chefs dont les noms suivent, beaucoup de légendes.

PREMIERS CHEFS : Caranos — Cienos — Thurimos. Perdiccas Ier — Argée — Philippe Ier — Œrope — Alcetas.

Amyntas règne vers 540-500.

LES ROIS AVANT PHILIPPE II :
- Alexandre Ier (500-454).
- Perdiccas II (454-413).
- Archelaos (413-394).
- Oreste et Œrope (394).
- Pausanias (394-393).
- Amyntas II (393-369).
- Alexandre II (369-367).
- Ptolémée Alorite (367-364).
- Perdiccas III (364-359).

PHILIPPE II (359-336) :
- Amyntas, fils de Perdiccas III, est sous la tutelle de Philippe II, qui a parcouru la Grèce et étudié les coutumes grecques.
- Philippe est entouré de périls : derrière, les Barbares ; à l'ouest, les Illyriens ; au nord, les Péoniens ; à l'est, les Thraces ; au sud, les Athéniens — Troubles intérieurs.
- Philippe se débarrasse de ses ennemis, et est reconnu roi.
- Réorganisation de l'armée : Création de la phalange. Les Hétaïres (compagnons du roi).
- Rivalité entre Philippe et Athènes, qui veut commander l'Hellespont et posséder la Chalcidique — Philippe prend Amphipolis (356) et Pydna.

LITTERATURE

PÉRIODE ALEXANDRINE

Création de la Bibliothèque à Alexandrie.

Zénodote, Callimaque : Les 2 premiers bibliothécaires.

ECOLE D'ASIE — PERGAME

Ecoles fondées : A Smyrne — Rhodes — Ephèse — Colophon — Tarse — Sidon — Gaza.

Cratès dirige l'école de Pergame.

EN GRÈCE

Epicure (341-270) : 4 lettres. *Traité sur la Nature.*

Les Péripatéticiens.

Les Stoïciens :
- Zénon (358-260) : *La Politique humaine. De la Vie selon la nature. Des Passions — Du Devoir — De l'Univers — De la Raison — De l'Etre — L'Art de l'Amour.*
- Cléanthe — *Hymne à Jupiter.*
- Chrysippe (279-207).

Duris.

Timée (352-256) : *Histoire de Sicile. Les Fastes olympiques.*

ÉVÈNEMENTS		
PHILIPPE II (359-336)	Guerre sociale (357-355)	Après 3 ans de lutte, Athènes reconnaît l'indépendance des grandes villes d'Asie : Byzance, Chios et Rhodes (355). Démosthène se déclare l'adversaire de Philippe. Philippe profite d'une révolution en Thessalie pour s'emparer de ce pays.
	Guerre sacrée (357-346)	Les Phocidiens avaient cultivé une terre consacrée à Apollon ; le conseil des Amphictions se plaint. Soulèvement de la Grèce, sauf Athènes et Sparte. Le Phocidien Philomélos prend les trésors du temple de Delphes et se tue (354). Les Amphictions demandent secours à Philippe, qui est repoussé en Thessalie par Onomarchos, chef phocidien. Philippe rétablit le régime républicain à Phères, mais ne peut s'emparer des Thermopyles. Philippe va sur les côtes de Thrace ; 1re Philippique (352). Philippe attaque Olynthe, qui demande du secours à Athènes — Démosthène prononce les Olynthiennes (348). Prise d'Olynthe (348). Une ambassade athénienne (10 h.) est envoyée à Philippe — Démosthène en fait partie — Paix acceptée. Fin de la guerre sacrée (346).

LITTÉRATURE

Historiens d'Alexandre	Diodore d'Erythrée. Strattis d'Olynthe — Callisthène. Charès de Mitylène. Néarque de Crète.
Eratosthène (276-196)	S'occupe d'astronomie et de géographie.

ELÉGIE

Callimaque	*Les Hymnes* — *Ibis* (satire). *La Chevelure de Bérénice.*

Philétas — Elégies à Bittis.
Hermésianax de Colophon.

EPOPÉE

Euphorion.
Apollonius de Rhodes (250-186) — *Les Argonautiques*.

POÉSIE BUCOLIQUE

Théocrite	Idylles suivantes : *Les Pêcheurs, Eschyle.* *Les Syracusaines* — *Polyphème.* *Epithalame d'Hélène.* *La Quenouille*, etc., etc. 22 épigrammes — *Syrinx.*

Bion. — *Chant funèbre* en l'honneur d'Adonis Moschus.

LA COMÉDIE A ATHÈNES

Antiphane (410-306)	Il appartient à la Comédie moyenne. Il composa 280 Comédies : *L'Egyptien* — *L'Arcadien.* *Le Joueur de Flûte.* *La Disparition de l'Argent*, etc.

ÉVÈNEMENTS

Philippe II (359-336).

- Philippe retourne en Macédoine et cherche à isoler Athènes du reste de la Grèce — 2ᵉ Philippique (344) — Démosthène cherche à former une nouvelle ligue.
- Philippe va en Thrace, assiège Byzance, qui est délivrée par l'Athénien Phocion (340), et revient en Macédoine.
- Philippe va en Phocide, s'établit à Elatée (339) et surveille la route de Thèbes où Démosthène conclut une alliance avec Athènes.
- Athéniens et Thébains sont battus à Chéronée (338).
- La ligue est vaincue, Philippe est nommé général en chef des Grecs; il épargne Athènes, accable Thèbes.
- Il entre dans le Péloponnèse — Il reçoit à Corinthe tous les envoyés de toutes les villes grecques, sauf Sparte.
- Il se prépare à aller en Perse quand il est tué à Egée par un jeune Macédonien, à l'âge de 47 ans (336).
- Son fils Alexandre lui succède.

Alexandre en Grèce (336-323)

En Grèce

- Alexandre a eu pour précepteur, Aristote — Beau, fort, prodigue; il commence à régner à 23 ans.
- Démosthène soulève contre lui : Sparte, Argos, l'Arcadie et l'Elide.
- Attale, général de Philippe, se vend à Démosthène.
- Alexandre gagne les Thessaliens, le Conseil des Amphictions et arrive à Thèbes.
- Athènes lui envoie une ambassade qui ne va pas au-delà du Cithéron — A Corinthe, Alexandre est nommé généralissime des Grecs contre les Perses.
- Il remonte au nord soumettre les Barbares au-delà du Danube; il revient en Béotie — Prise et destruction de Thèbes; massacre des habitants.

LITTÉRATURE

Comédie Nouvelle

Ménandre (342-290) : A composé plus de 100 pièces : *les Adelphes*, *l'Andrienne*, etc.

Philémon (369-262) : A composé plus de 108 pièces. *Les Frères* — *Le Charlatan* — *Le Joueur de Flûte* — *Le Trésor* — *La Veuve* — *Le Débauché*, etc.

Diphile — Copié par Plaute et Térence.

Poésie didactique

Aratus — *Les Phénomènes* — *Pronostics*.

Eratosthène — *Hermès* — *Trigone*.

Nicandre : Sur les animaux venimeux, les poisons et les antidotes.

Fables

Babrius.

L'Héllénisme a Rome

Polybe (204-122) : *les Histoires*.
Sont perdues : *Vie de Philopœmen*. *Tactique*. *Histoire de la guerre de Numance*.

Période impériale

La Poésie

Le premier siècle n'est représenté que par des faiseurs d'épigrammes : Crinagoras de Mitylène, Antipater de Thessalonique, Lucilius, Léonidas d'Alexandrie.

ÉVÈNEMENTS

EN GRÈCE — Athènes comme gage de son alliance, envoie neuf otages : Charès, Démosthène, Lycurgue, Hypéride, Polyeucte, Charidemos, Ephialtès, Diotimos et Méroclès.

Alexandre en Asie

ALEXANDRE (336-323) EN ASIE

Faiblesse de la Perse ; révolutions intérieures, révolte des colonies.

Alexandre part de Pella et arrive à Sestos — Parménion est chargé de faire franchir le détroit — Alexandre visite Troie — Memnon le Rhodien conseille de faire un désert devant Alexandre.

Bataille du Granique (334) ; prise de la Phrygie.

Le nœud gordien — Alexandre et le médecin Philippe.

Victoire d'Issus (333) ; prise de la mère, de la femme et des enfants de Darius — Conquête de la Syrie ; les Perses perdent 100,000 hommes à cette bataille.

Siège et prise de Tyr (332).

Darius veut traiter avec Alexandre ; celui-ci répond qu' « il ne doit y avoir qu'un maître. »

Alexandre en Palestine, en Egypte ; fondation d'Alexandrie (332) ; visite au temple d'Ammon.

Passage de l'Euphrate et du Tigre.

Armée Persique { 1,000,000 de fantassins. 40 000 cavaliers, 200 chars.

Bataille d'Arbèles (2 oct. 331).

Alexandre s'empare de Babylone, de Suse, où il trouve 50,000 talents ; de Persépolis, 120 000 talents.

Prise d'Ecbatane : là, il renvoie tous les Grecs qui veulent retourner dans leur pays.

Bessus, satrape de Bactriane, tue Darius

A ce moment, les Macédoniens sont battus en Europe par les Scythes, mais Antipater arrange les affaires de Thrace, soumet Mégalopolis et permet à Alexandre de continuer sa marche.

LITTÉRATURE

IIe SIÈCLE

Dionysios { Epopée : *le Tour du monde.* Poèmes Didactiques { *sur les pierres précieuses. sur les oiseaux.*

Oppien | *Poème sur la Pêche, sur la Chasse.*

HISTOIRE ET GÉOGRAPHIE

Timagène | *Histoire d'Auguste ;* 2° *des Gaules.*

Diodore de Sicile : *Bibliothèque historique.*

Nicolas de Damas : *Histoire universelle.*

Juba 52 av. J.-C. 18 ap. { *Histoire de Lybie — Histoire d'Assyrie — Histoire romaine — Histoire de Théâtre — Traité sur la Peinture — Traité sur la corruption du langage.*

Denys d'Halicarnasse 54 av. 3 ap J.-C { *Art oratoire — Sur l'imitation, sur l'arrangement des mots — Dinarque — Mémoires sur les anciens orateurs Sur le génie de Thucydide. Les Antiquités romaines.*

Josèphe 37 100 ap. J.-C. { *Histoire de la guerre des Juifs contre les Romains — Sur le martyre des Maccabées — Histoire ancienne des Juifs ou Antiquités judaïques.*

Philon { *De la création du monde, d'après Moïse. Allégories des livres saints. Histoire de la Phénicie.*

ÉVÈNEMENTS

Alexandre en Asie

- Bessus est pris et tué par le frère de Darius.
- Alexandre reste deux ans à fonder des villes derrière le fleuve Iaxarte (Hérat).
- Alexandre tue ses amis, Clitus, Philotas et Callisthène, dans un moment de colère (330-327).
- Alexandre dans l'Inde (327-335) — Porus —
- Les soldats s'arrêtent devant l'Hyphase — Murmures.
- Ils refusent d'obéir — Alexandre promet de les ramener en Grèce — Il descend l'Indus — combat chez les Mallènes.
- Retour à Babylone — Néarque ramène la flotte le long des côtes jusqu'au golfe Persique.
- Mariage d'Alexandre et de Roxane, fille de Darius.
- Réunion des Perses et des Macédoniens.
- Licenciement de 10,000 Grecs (324).
- Mort d'Hephestion, ami d'Alexandre ; funérailles splendides à Babylone.
- Alexandre prépare de nouvelles conquêtes, probablement en Arabie. Il meurt à Babylone (323).
- Il voulait réunir vainqueurs et vaincus, développer le commerce et l'industrie, répandre la civilisation grecque, et mêler les idées, les religions et les peuples.

La Famille et les Généraux d'Alexandre

- Roxane, épouse d'Alexandre, a un fils, Alexandre Aigos.
- Arrhidée frère d'Alexandre / Alexandre Aigos } sont proclamés rois.
- Antipater commande les affaires d'Europe, Cratère est chargé de celles d'Arrhidée.
- Perdiccas est une sorte de ministre suprême de l'Empire.
- Agitations continuelles.
- Les généraux d'Alexandre se partagent l'Empire.

LITTÉRATURE

Plutarque 50-120 ap. J.-C.

Vies parallèles des grands hommes de la Grèce et de Rome :

1° *Thésée et Romulus.*
2° *Lycurgue et Numa.*
3° *Solon et Valerius Publicola.*
4° *Thémistocle et Camille.*
5° *Périclès et Q. Fabius Maximus.*
6° *Alcibiade et Coriolan.*
7° *Timoléon et Paul Emile.*
8° *Pélopidas et Marcellus.*
9° *Aristide et Caton l'Ancien.*
10° *Philopœmen et Flaminius.*
11° *Pyrrhus et Marius.*
12° *Lysandre et Sylla.*
13° *Cimon et Lucullus.*
14° *Nicias et Crassus.*
15° *Eumène et Sertorius.*
16° *Agésilas et Pompée.*
17° *Alexandre et César.*
18° *Phocion et Caton le Jeune.*
19° *Agis et Cléomène et les Gracques.*
20° *Démosthène et Cicéron.*
21° *Démétrius Poliorcète et Marc-Antoine.*
22° *Dion et M. Junius Brutus.*

Quatre autres vies parallèles : *Artaxerxès Memnon — Aratus, Galba et Othon.*

Les *Œuvres morales* qui composent 70 traités sur tous les sujets.

	ÉVÈNEMENTS	
La Famille et les Généraux d'Alexandre	Partage	Ptolémée a l'Egypte. Léonidas a la Syrie. Philotas a la Cilicie. Antigone a la Phrygie, la Lycie. Léonnat a le pays de l'Hellespont. Alexandre a la Lydie. Lysimaque a la Thrace. Néarque a la Lycie. Séleucus nommé général des Hétaïres. Eumène a la Cappadoce. Antipater et Cratère ont la Macédoine.
	Mort de Perdiccas (321).	
	Antipater s'empare de la régence qui, à la mort de celui-ci (319) passe à Polypserchon — Celui-ci déclare libres toutes les villes grecques, et rétablit les constitutions démocratiques — A Athènes, mort de Phocion.	
	Eumène, le secrétaire d'Alexandre, lutte contre les généraux.	
	Antigone le prend et le fait mettre à mort (316).	
	Les membres de la famille d'Alexandre se détruisent entre eux.	
	Olympias, mère d'Alexandre, fait tuer son fils Arrhidée et sa femme Eurydice, et est tuée à son tour par Cassandre.	
	Paix de 311.	
	Alexandre Aigos est tué (310) — Cléopâtre, sœur d'Alexandre, est mise à mort par Antigone (309)	
	Le fils d'Antigone, Démétrius, veut être maître du Péloponnèse et de l'Attique (306).	
	Cassandre, Ptolémée, Lysimaque et Seleucus se révoltent contre Antigone, qui est tué à Ipsus (301) — Démétrius s'enfuit et, plus tard, se fait proclamer roi de Macédoine.	
	Lysimaque se brouille avec Séleucus, est tué dans une bataille (281), et son royaume disparait avec lui.	

LITTÉRATURE

IIe et IIIe Siècles

Favorinus — *Souvenirs — Histoires variées.*

Phlégon	*Description de la Sicile — Olympiades.* *Traité des fêtes chez les Romains.*
Arrien	*Le Manuel d'Epictète.* *L'Expédition d'Alexandre.*

Appien. — *Histoire romaine.*

Don Cassius (155-240) — *Histoire romaine.*

Hérodien — *Histoire romaine*, de 180 à 238.

Géographie

Strabon 66 av. 24 ap. J.-C.	*Géographie* en 17 livres.
Ptolémée	*Composition mathématique* ou *Almageste.* *Canon des règnes — Apparition des fixes.* *Sur les Hypothèses des Planètes.* *Les Harmoniques — Géographie.*

Pausanias — *Itinéraire de la Grèce.*

Ecrivains divers

Diogène Laërce	*Vies et opinions des plus illustres philosophes.*

Athénée — *Le Banquet des Savants.*

Elien — *Histoires variées.*

Les Sophistes

Dion Chrysostome 30-117	Il reste 80 discours. *Le Chasseur Eubéen.*

Hérode Atticus (104-180) — *Sur le gouvernement.*

ÉVÈNEMENTS

LA FAMILLE ET LES GÉNÉRAUX D'ALEXANDRE	Il ne reste donc plus que trois royaumes	l'Egypte : l'Asie ; la Macédoine.

LES ARTS AU IVe SIÈCLE

La plupart des artistes grecs viennent d'Asie.

1° ARCHITECTURE

L'ordre ionique l'emporte sur l'ordre dorique.

L'ordre corinthien, caractérisé par un chapiteau en forme de corbeille ornée de feuille d'acanthe, fait son apparition.

EN ASIE ON CONSTRUIT :
- Temple d'Apollon, près de Milet.
- Temple d'Ephèse, consacré à Artémise
- Mausolée d'Halicarnasse.

2° SCULPTURE

SCOPAS :
1° A fait une partie des sculptures du Mausolée ;
2° Une Ménade ou Bacchante déchirant un chevreau ;
3° Apollon massacrant les enfants du Niobé.

PRAXITÈLE :
Représente les dieux et les déesses sous les traits de jeunes gens à la figure gracieuse.
Œuvres : Vénus de Cnide. Apollon tuant un lézard. Amour de Thespies.

LYSIPPE :
A fait, dit-on, Hercule Farnèse, qui est à Naples.
Statue de l'Athlète au strigile.

3° PEINTURE

ZEUXIS — Né en Asie, vécut à Ephèse, vint en Italie.

PARRHASIOS — Né à Ephèse.

APELLE — Peintre favori d'Alexandre.

LITTÉRATURE

Œlius Aristippe (117-189) : *Sur le Style politique.* *Sur le Style simple.*

Lucien (130-220) :

1° DIALOGUES

Prométhée ou le Caucase — Dialogue des Dieux — Jupiter confondu — Jupiter tragédien — l'Assemblée des Dieux — — les Saturnales — Vies à l'encan — le Pêcheur ou les Ressuscités — l'Amour du Mensonge — le Banquet — Timon ou le Misanthrope — Dialogue des Morts — Charon — le Songe ou le Coq, etc., etc.

2° ROMANS

Lucius ou l'Ane — Histoire véritable.

3° ŒUVRES DE RHÉTEUR

Le Songe — Hérodote — Zeuxis — Harmonide — Hippias ou le Bain — Bacchus — Hercule — — Sur l'Ambre — Eloge de la Mouche, etc.

4° ŒUVRES CRITIQUES

Le Jugement des Voyelles — Sexiphanès — Comment l'histoire doit être écrite.

5° BIOGRAPHIES

Alexandre ou le faux Prophète.
Vie de Démonax — Pérégrinus.

Quelques poésies.

ROYAUMES HELLÉNIQUES

LA SYRIE SOUS LES SÉLEUCIDES

Séleucus Nicator (311-280)	Officier d'Alexandre — Il est nommé par Antipater, gouverneur de Babylone, et est chassé de cette ville par Antigone — A la bataille d'Ipsus (301), il gagne la Cappadoce, l'Arménie, la Syrie et la Mésopotamie. Il divise son royaume en 72 satrapies — Il fait prospérer le commerce et cherche à étendre la civilisation grecque — Fondation d'Antioche et de Séleucie. Sa lutte avec Démétrius, fils d'Antigone Sa lutte avec Lysimaque — Bataille de Cyropédion ; mort de Lysimaque. Il gagne l'Asie-Mineure, la Thrace, la Macédoine (281) — Il est tué par Ptolémée. Céraunus — Son dévouement pour son fils ; il se sépare de son épouse Stratonice pour la lui donner.
Antiochus Ier Soter (280-261)	Il abandonne la Macédoine au meurtrier de son père, et essaye de conquérir la Bithynie, où son armée est exterminée — Etablissement des Gaulois en Galatie. Il échoue dans ses entreprises contre Eumène de Pergame et contre l'Egypte.

Antiochus II Théos (261-246). — Gouvernement faible — Formation des royaumes Parthe et Bactrien.
Séleucus II Callinicos (246-225). — Echoue partout — Meurt prisonnier du roi des Parthes.
Séleucus Ceraunos (225-222). — Rien d'important — Il meurt empoisonné.

Antiochus le Grand (222-187)	Il déjoue les complots de ses sujets ; il échoue dans une expédition contre les Egyptiens. Il veut entreprendre une nouvelle expédition, mais le Sénat romain prend Ptolémée sous sa protection. Les Romains en Asie — Bataille de Magnésie; du Sipyle (190). Antiochus est tué par ses sujets (187) après avoir été vaincu par les Romains.
Séleucus IV Philopator (187-175)	Est le fils d'Antiochus le Grand. Il essaie de secourir Pharnace, roi du Pont, contre les Romains. Il est empoisonné par son ministre Héliodore.
Antiochus IV Epiphane (175-162)	Il s'empare d'une partie de l'Egypte — Il est arrêté par le préteur romain Popilius (son cercle). Il se soumet aux Romains ; se conduit comme un fou.
Derniers Rois	Antiochus V Eupator (164-162) est tué par Démétrius — Démétrius (162-150) lutte contre Bala. Alexandre Bala (150-146) — Démétrius Nicator (146-145) — Diodore Tryphon (145-137). Antiochus Sidetès (137-128) — Démétrius Nicator (128-123) règne de nouveau. Antiochus Grypos (123-111) — Antiochus le Cyzicénien (111-96). Trois prétendants (96-83) : Seleucus. Eusèbe. Philippe. Tigrane, roi d'Arménie (83-69), reçoit la soumission des Syriens. Antiochus l'Asiatique (69-64) — Pompée réduit la Syrie en province romaine (64).

Démembrement de l'Empire des Séleucides
- Royaume de Pergame.
- Royaume de Cappadoce.
- Royaume des Juifs (voir plus haut, *Histoire Juive*).
- Royaume des Parthes.

ROYAUME DE PERGAME

Lysimaque. — Avait confié Pergame et ses trésors à son lieutenant Philetère.

Philetère (283-263)
- Philetère se révolte et fonde le royaume de Pergame (283).
- Il reste en paix pendant 20 ans.

Eumène Ier (263-247). — Est le neveu de Philetère — Il bat les Syriens près de Sardes et fortifie le nouveau royaume.

Attale Ier (247-191)
- Cherche l'appui des Romains pour se défendre des rois de Macédoine et de Bithynie.
- Il fonde la Bibliothèque de Pergame.

Eumène II (191 159)
- Il agrandit le royaume en recevant les dépouilles d'Antiochus le Grand.
- Il étend les limites jusqu'au Taurus.

Attale II Philadelphe (159-138). — Empoisonné par son neveu et successeur Attale III.

Attale III Philométor (138-129). — Il passe sa vie dans un état voisin de la démence — Il lègue ses biens aux Romains.

Ce royaume devient province romaine en 129.

Royaume de Cappadoce
- Ariarathe Ier. Meurt en 322, en défendant son indépendance contre Eumène, un des généraux d'Alexandre.
- Ariarathe II. — Fortifie encore l'indépendance de son pays.

Royaume des Parthes
- Les Parthes s'étendent entre l'Hyrcanie et la Médie au S.-E. de la mer Caspienne.
- Ils conquièrent leur indépendance en 250 av. J.-C.
- Le Scythe Arsace parvient à réunir toutes les tribus, et secoue le joug du roi Antiochus II ; il choisit Hécatompyle en Parthie, comme capitale.
- Ils luttent ensuite contre les Séleucides et s'établissent à Ctésiphon près de Babylone.
- Réunion de la Bactriane (130).
- Ils battent les Romains, qui n'ont jamais pu les soumettre. Crassus y vit périr ses légions (53) et Antoine fut forcé de se retirer (36).
- Les Parthes sont assujettis aux Perses (223-226 ap. J.-C.).

Royaume de Bithynie
- Jusqu'au Ve siècle avant J.-C, il y eut 39 rois, dont on ignore les noms.
- Dydalsus — Boteiras et Bias — noms sans date certaine.
- Zipœtes (326-278).
- Nicomède Ier (278-250)
  - Il fait massacrer tous ses frères, à l'exception d'un seul.
  - Il est menacé par Antiochus de Syrie ; et appelle les Gaulois à son secours.
  - Il fonda Nicomédie.
- Zielas (250-228). — Prusias Ier (228-180).
- Prusias II (180-149). — Voulut livrer aux Romains Annibal, qui préféra s'empoisonner.
- Nicomède Epiphane (149-91). — Détrôna son père et s'allia à Mithridate.
- Nicomède III Philopator (91-75) — Lègue tous ses biens aux Romains (75 ans av. J.).

La Galatie (278-25 avant J.-C.

Contrée ancienne de l'Asie-Mineure, séparée du Pont-Euxin, par la Paphlagonie.
Elle fut cédée par Nicomède Ier, roi de Bithynie, en 278, aux Gaulois qui avaient pillé le temple de Delphes en 280.
Les villes principales furent : Pessinonte, Ancyre, Tavia.
Les Galates furent les alliés d'Antiochus le Grand, et battus par les Romains en 188.
Auguste fit en 25 de la Galatie, une province romaine.

Royaume du Pont

Royaume situé sur la côte du Pont-Euxin — C'était une province de l'Empire Perse.
Les princes sont issus d'un des sept seigneurs qui renversèrent les Mages. On cite comme rois : Ariobarzane.

Mithridate
Petit fils d'Artabaze — Fut un des meurtriers de Smerdis le Mage.
Il accompagna le jeune Cyrus dans son expédition contre Artaxerxès Memnon.
Il meurt en 363.

Ariobarzane (363-337).

Mithridate II (337-302)
Il laisse passer l'expédition d'Alexandre, se soumet, mais le pays n'est pas conquis — Il meurt assassiné en 302.

Mithridate III (302-266) — **Ariobarzane III** (266-240) — **Mithridate IV** (240-190).
Pharnace (190-156).

Mithridate V Evergète (156-123)
Est l'allié des Romains qui lui donnent la Grande Phrygie.
Il meurt assassiné (123).

Mithridate VI (123-63)
Il se défie des empoisonnements.
Il lutte d'abord contre les Scythes (118) — La ville de Chersonnèse le reconnait pour roi.
Il s'empare de la Paphlagonie, devenue province romaine.
Il s'allie à Tigrane, roi d'Arménie — Il fait tuer un jour 100,000 Italiens.
Il soulève contre Rome la Grèce entière qui se soumet à lui — Il est battu par Sylla, près de Chéronée (87).
Insurrections contre Mithridate en Asie ; il les réprime cruellement.
Les Romains pénètrent en Asie — Mithridate se résigne à signer : il livre 80 vaisseaux à son vainqueur et paie les frais de guerre.
Il envahit la Bithynie ; Lucullus l'en chasse (74) ; il se retire en Arménie.
Pompée le repousse vers le Caucase (65) — Il veut envahir l'Italie ; il est tué.
Le pays est réduit en province romaine (63).

Pharnace
Fils de Mithridate, s'était révolté contre son père — Les Romains l'autorisent à porter le titre de roi du Pont — Il reçoit le royaume du Bosphore.
Il est tué en luttant contre ses sujets.

L'Arménie	Elle fut partagée entre les généraux d'Alexandre, et resta aux Séleucides jusqu'en 189. En 189, devenue indépendante, elle forma la Grande et la Petite Arménie. La grande Arménie fut le théâtre des guerres entre les Parthes et les Romains. La petite Arménie devint province romaine en 75 ap. J.-C. En 232 ap. J.-C., l'Arménie passa aux Perses.

L'esprit grec parut se répandre jusqu'au fond de l'Asie, mais ce ne fut qu'en apparence, les peuples conservèrent toujours leurs anciennes traditions.
Les lettres et les écoles furent florissantes, surtout à Alexandrie et à Pergame.
Commerce important à Alexandrie.

LA LIGUE ACHÉENNE

ÉVÈNEMENTS

Guerre Lamiaque (323-322)	Démosthène soulève la Grèce à la mort d'Alexandre. Athènes envoie des députés pour former une ligue. Antipater est vaincu à Lamia, mais gagne la bataille de Cranon (322). Athènes demande la paix. Antipater exige 3 conditions : 1° Installation dans Munychie d'une garnison macédonienne ; 2° Une indemnité de guerre ; 3° La tête de Démosthène.
Phocion	Homme austère, général habile, orateur distingué mais croyant qu'Athènes pouvait vaincre la Macédoine. Polypserchon le fait mettre en jugement ; il est condamné à mort (317). Une femme brûle son corps en cachette.
Aratus (272-213) et la Ligue Achéenne	L'Achaïe se trouve au delà du golfe de Corinthe. Ce pays est divisé en douze cités. Vers 280, quatre villes d'Achaïe veulent lutter contre la Macédoine, et forment avec les autres, la ligue achéenne. Aratus, né à Sicyone, ville voisine de l'Achaïe, veut renverser la domination des tyrans, et affranchir sa patrie.

LITTÉRATURE

La Philosophie

Epictète	*Entretiens et conversations*, transmis par Arrien.
Marc Aurèle	*Dialogues* — *Lettres* — *Pensées*. *Discours au Sénat*.

Les Néo Platoniciens

Ammonicus Saccas — Chef de l'école. — N'écrit rien.
Plotin (205-270) — *les Ennéades*.

Porphyre (233-305)	*Vie de Pythagore* — *Vie de Plotin* — *Sur l'abstinence* — *Sur la Prosodie* — *Epitre à Anebon l'Egyptien* — *Principes concernant les intelligibles* — *Introduction à l'Organon d'Aristote* — *Exercices par demandes et par réponses sur les intelligibles*.
Jamblique + 330	*Sur la philosophie de Pythagore* — *Discours préparatoires à la philo-*

EVÈNEMENTS		
ARATUS (272-213) ET LA LIGUE ACHÉENNE		Il entre par surprise dans cette ville (271) et Sicyone fait partie de la ligue achéenne. Aratus est nommé chef de la ligue achéenne (245), et fait entrer Argos dans la ligue; il a pour ennemis Sparte et ses deux rois : Agis et Cléomène.
	Agis	Roi à 20 ans, veut réformer Sparte et rétablir « les lois de Lycurgue ». Il veut partager entre ses guerriers les terres de Laconie. Il est tué, et sa veuve doit épouser Cléomène, fils de son adversaire Léonidas.
	Cléomène	Il veut donner à Sparte son ancienne constitution et la rendre maîtresse dans le Péloponnèse. Il reprend les projets d'Agis, et le parti pauvre de la ligue achéenne l'appelle pour pouvoir participer aux partages des terres. — Il vainc les Achéens (224).
		Aratus appelle la Macédoine au secours de la ligue, et le roi Antigone est nommé général en chef. Bataille de Sellasie (221). — Cléomène vaincu va en Égypte. Le roi d'Égypte fait tuer Cléomène. Mort d'Aratus (213); il est empoisonné par le roi de Macédoine.

A partir de ce moment, Athènes ne fait plus que discuter; Thèbes s'occupe seulement de festins; Sparte n'a que de cruels tyrans. Ces villes sont menacées par la Macédoine et Rome.

INTERVENTION DES ITALIENS EN GRÈCE	Les Romains, après avoir pris la Sicile, attaquent l'Illyrie (228). Philippe de Macédoine leur résiste, alors les Romains excitent contre lui les peuples grecs : Etolie, Elide, Sparte.

LITTÉRATURE

Jamblique + 330	*sophie — Sur les connaissances mathématiques — Sur l'introduction arithmétique de Nicomaque.*

Époque finale de la Littérature

1° LITTÉRATURE PROFANE

LA RHÉTORIQUE

Themistius (320-390)	Surnommé Euphrodès, le beau diseur. *Les Dernières analytiques — La Physique — Le Traité de l'âme — Sur le ciel.*
Libanius	65 discours — 48 déclamations. *Vie ou discours sur sa Destinée. Vie de Démosthène.*
Empereur Julien (331 363)	*les Césars — 83 lettres — 2 éloges de l'Empereur Constance — Discours en l'honneur du roi Soleil — Consolation à Salluste — le Misopogon.*

LA PHILOSOPHIE

LE NÉO PLATONISME

Syrianus v° siècle	Commentaires	*Sur Homère — Sur la Métaphysique d'Aristote — Sur la Poétique de Platon.*
	Concordance d'Orphée, de Pythagore et de Platon.	

EVÈNEMENTS			LITTÉRATURE		
INTERVENTION DES ITALIENS EN GRÈCE		Le général romain Flaminius, vint aux jeux isthmiques et fait proclamer, après Cynocéphales, la liberté de tous les Grecs d'Europe et d'Asie (196).	Proclus 412-485		Institution théologique.
		Antiochus, roi de Syrie, allié des Etoliens mécontents veut lutter contre Rome; il est battu aux Thermopyles (188).		Commentaires	*Sur le 1er Alcibiade — Sur le Parménide — Sur le Timée de Platon — Sur les Œuvres et les jours d'Hésiode.*
		L'Etolie se soumet aux Romains.			*Sur la Providence et le Destin.*
	Philopœmen (253-183)	Surnommé le dernier des Grecs.	Damascius		Commentaires sur Platon. *Biographie des philosophes.* Problèmes et solutions sur les premiers principes.
		Après Sellasie, il est nommé général en chef de la ligue achéenne (213).	Simplicius		Commentaires sur Aristote. Les Catégories — La Physique.
		Il lutte contre Sparte, prend la ville et détruit ses remparts; et contre Rome.	LA POÉSIE		
		Il est pris par Didocrate, chef des Messéniens, et condamné à boire la ciguë.	Quintus		— Continuation d'Homère (épopée).
		Manifestations à ses funérailles (183).	Nonnus (Ve s.)		Les Dionysiaques (48 chants). Paraphrase sur l'Evangile selon saint Jean.
		Voyage de Paul Emile à travers la Grèce.	Tryphiodore		— Prise de Troie.
		L'Epire se donne aux Romains.	ROMANS		
		Les hommes considérables de Macédoine et de Grèce sont emmenés prisonniers à Rome.	Jamblique (IIe s.)		— Histoires babyloniennes.
		Nouvelle révolte des Achéens — Métellus les vainc dans la Locride (146).	Alciphron (IIIe s.)		76 lettres qu'il supposait écrites par des paysans, pêcheurs, etc.
		Corinthe est prise — Thèbes et Chalcis détruites.	Héliodore (IVe s.)		Les amours de Théagène et de Chariclée.
		La Grèce forme une nouvelle province romaine (142).	Tatius (Ve s.)		— *Histoire de Leucippe et de Colitophon.*
		Beaucoup de Grecs venus à Rome, ouvrirent des écoles de grammaire, d'éloquence, de philosophie.	Longus (VIe s.)		— Daphnis et Chloë.
		Les jeunes Romains vont aux écoles d'Athènes et d'Alexandrie.			

LA MACÉDOINE APRÈS ALEXANDRE

ÉVÉNEMENTS

Cassandre (306-296) — Cassandre, fils d'Antipater, général d'Alexandre, est maître de la Macédoine en 315, et est nommé roi de 306 à 296.

Philippe IV (296-294) — Fils de Cassandre — Rien d'important.

Démétrius Poliorcète (294-287) — Surnommé Poliorcète, preneur de villes ; il est le fils d'Antigone, général d'Alexandre. Il chasse d'Athènes Démétrius de Phalère. Il s'empare de la Macédoine, d'où il est chassé par Lysimaque et Pyrrhus — Il meurt en Asie.

Pyrrhus (287-286) — Roi d'Epire — le même qui entreprit une expédition malheureuse contre les Romains. Il est roi de Macédoine pendant quelques mois.

Lysimaque (286-282) — Général d'Alexandre, roi de Thrace. Devient roi de Macédoine de 286 à 282. Il est vaincu et tué à Cyropédion (282) en combattant contre Séleucus.

Ptolémée Céraunos (282-280) — Il quitta l'Egypte à l'avènement de Ptolémée Philadelphe. Il est proclamé roi de Thrace et de Macédoine (282). Il meurt (280) en luttant contre les Gaulois.

Pendant l'invasion gauloise, il est bon de citer les noms des chefs militaires : Méléagre, Antipater, Sostène et Pyrrhus d'Epire, qui règne de nouveau de 280 à 277.

Antigone Gonatas (280-239) — Il est le fils de Démétrius Poliorcète. Il est un instant détrôné par Pyrrhus. Il bat les Gaulois qui avaient pillé Delphes. Il assure le trône à sa famille.

Démétrius (239-229).

LITTÉRATURE CHRÉTIENNE

St Denis l'aréopagite — *De la Hiérarchie céleste.* *De la Hiérarchie ecclésiastique.* *Des noms divins* — *Théologie mystique.*

Saint Hermas — Le Pasteur (92). Ce livre est divisé en : Visions. Les préceptes. Similitudes.

St-Ignace + 116 — Quinze Epitres.

Les Apologistes

Saint Justin (89-168) — 2 apologies de la religion chrétienne. Dialogue avec le juif Tryphon. Traité de la monarchie ou de l'unité de Dieu. Discours aux Grecs.

Athénogoras — Apologie pour les chrétiens (179). *Livre sur la résurrection des morts.*

Hermias — Dérision des philosophes païens.

Les Savants

Clément d'Alexandrie (160-217) — Les Stromates (tapisseries). Le Pédagogue — Exhortations aux Gentils — Quel riche sera exaucé.

Origène (186-254) — Il écrivit sur tous les livres de l'Ancien et du Nouveau Testament. Sur les Principes — Hexaples. Apologie du Christianisme contre Celse. Des commentaires.

Saint Athanase (296-373) — Discours sur les Gentils — Sur l'incarnation — Lettre encyclique aux évêques. Apologie contre les Ariens. Apologie à l'empereur Constance. Exposition de la foi, etc., etc.

ÉVÈNEMENTS

Antigone Doson (229-220) — Il parvient à ramener à l'obéissance la Grèce révoltée.

Philippe V (220-178)
- Il songe un instant à s'allier à Annibal.
- Il s'unit à Antiochus le Grand pour attaquer l'Egypte, alors protégée par les Romains.
- Les Romains envoient contre lui le général Flaminius, qui le bat à Cynocéphales (197.)

Persée (178-143)
- Persée est le fils de Philippe V.
- Il se soumet d'abord au sénat romain, mais c'est pour mieux comploter.
- Il forme le projet de chasser les Romains de la Grèce; mais il est vaincu par Paul Emile à Pydna (168).
- Destruction de la phalange macédonienne.
- Défaite du prétendant Andriscos (148).
- Persée meurt prisonnier à Rome.

La Macédoine est réduite en province romaine (143).

LIVRES A CONSULTER

E. Curtius : *Histoire grecque*, traduction Bouché-Leclerq.
V. Duruy : *Histoire des Grecs*.
Collignon : *l'Archéologie grecque*.
A. et M. Croiset : *Histoire de la Littérature grecque*.
Droysen : *Histoire de l'Hellénisme*, traduction Bouché-Leclerq.
Schœman : *Antiquités grecques*, traduction Galuski.
G. Perrot : *Essai sur le droit public d'Athènes*.
Fustel de Coulanges : *Polybe ou la Grèce conquise par les Romains*.

LITTÉRATURE

Les Orateurs

St Grégoire de Nazianze (329 389) — 45 discours entre 362 et 381. 142 lettres.

Saint Basile (329 379) — Hexaméron ou les 6 jours de la création. XVII Homélies sur les Psaumes. Sur le Baptême — Sur la Virginité — Traité de la lecture des auteurs profanes.

Saint Grégoire de Nysse (331-398) — Homélies — Panégyriques — Lettres — Oraisons funèbres — contre le Destin — Sur la formation de l'homme. Sur l'âme et la résurrection.

St Jean Chrysostome (340-407) — Traité sur la vie monastique — Sur la Virginité — La Providence. Sur le Sacerdoce épiscopal. La Divinité de Jésus-Christ. Homélies — Sermons — Lettres.

Histoire

Eusèbe (264-338) — Histoire ecclésiastique — Préparation évangélique — Panégyrique de Constantin.

Sozomène + 443. — Histoire en 9 livres — Abrégé d'histoire ecclésiastique de J.-C. à 324.

Evagrius.

La Poésie

Apollinaire Senior. — Met en vers l'Ancien Testament. Drame sur la Passion du Christ.

Apollinaire Junior — Met en vers les antiquités juives. Comédies, tragédies dont le sujet est emprunté à l'Ecriture sainte.

Synésius (365-415)
- Roman philosophique, l'Egyptien ou de la Providence.
- Poëme des Cynégétiques.
- Eloge de la Calvitie.
- Dion — Traité des songes.
- Hymnes.

FIN

SOUMISSION DES COLONIES GRECQUES

Colonies Grecques	Asie Mineure	: Milet, Smyrne, Ephèse et Phocée
	Afrique	: Cyrène.
	Espagne	: Sagonte.
	Gaule	: Marseille.
	Italie	: Crotone, Sybaris, Tarente.
	Sicile	: Messine, Agrigente et Syracuse.

Milet — Avait autrefois un commerce important : 300 comptoirs — Mollesse des habitants — Fabrication de tissus — Elle fut soumise par les Perses (504 av. J.-C) et délivrée par Athènes, soumise par Alexandre et enfin par les Romains.
Thalès, un des sept sages, né vers 640, fonde l'école philosophique, ionienne ou sensualiste — Il fixa à 365 jours la durée de l'année.

Smyrne — Détruite par les Lydiens, rebâtie par Alexandre, détruite de nouveau par un tremblement de terre, et relevée par Marc Aurèle.
Actuellement ville de 150,000 habitants, un des principaux ports du Levant.

Ephèse — Temple de Diane, une des sept merveilles, brûlé par Eratosthène (365).
Il fut reconstruit et brûlé de nouveau par les Goths.

Phocée — Rivalise avec Milet — Les Phocéens visitent tous les bords de la Méditerranée.
Ville détruite par Cyrus — Emigration des Phocéens en Corse.

Cyrène — A 15 kilomètres de la mer, fondée par Battos, remise à Darius, puis aux Ptolémées et enfin à Rome.
Patrie d'Eratosthène, inventeur de la méthode de détermination des nombres premiers; de Callistrate (320 270), poète lyrique; d'Aristippe, fondateur de l'école cyrénaïque.

Sagonte — Alliée de Rome, prise et pillée par Annibal (219) — Relevée par Rome (210).

Cumes et Naples — Soumises à Rome au IVe siècle — la Sibylle de Cumes.

Sybaris — Au sud de l'Italie, sur le golfe de Tarente; lieu de dépôt pour les marchands de Milet.
Ville connue par le luxe et la mollesse de ses habitants — Goût pour les études philosophiques.

Crotone — Fondée par les Achéens.

Tarente — Fondée par les Laconiens en 707 — Commerce important.
Elle lutte contre Rome — Pyrrhus, roi d'Epire, vient à Tarente.
Elle se soumet à Rome (272).

SYRACUSE

Gélon (484-478) — Gagne la bataille d'Himères sur les Carthaginois — Force les Carthaginois à renoncer aux sacrifices humains — Fonde la grandeur de Syracuse.

Hiéron Ier (478-468) — Gouverne sagement la ville.
Attire à sa cour les poètes grecs, entre autres, Pindare et Eschyle.

Thrasybule (468-466) — Est le frère d'Hiéron — Prince cruel; sa tyrannie amène une révolution.
Abolition de la royauté (466).

Expédition grecque contre Syracuse qui reste victorieuse.

Dioclès veut réformer les lois de Syracuse.

Les Carthaginois reviennent en Sicile (409) — Ils prennent Agrigente (406).

DENYS L'ANCIEN (405 368) — Il est le fils d'un ânier, et est reconnu tyran de Syracuse — Il fortifie Syracuse et l'île d'Ortygie — Prince impie — Il chasse de l'île les Carthaginois (405) et les Grecs italiotes.

DENYS LE JEUNE (368 343) — Fils de Denys l'Ancien — Prince cruel et débauché — Est chassé, puis réintégré dans son pouvoir — Il est chassé de nouveau et devient maître d'École à Corinthe.

DION — Chasse Denys le Jeune, mais déplaît au peuple qui l'assassine (343).

TIMOLÉON (343-337) — Est envoyé à Syracuse par les Corinthiens — Homme vertueux, énergique, favorable à la liberté — Il repeuple Syracuse, y rétablit l'ordre — Il est vainqueur des Carthaginois. Il abdique (337) et passe sa vieillesse dans la retraite — Honneurs qu'on lui rend.

Anarchie complète à Syracuse après Timoléon.

AGATHOCLE (336-289)
- Sorti du peuple, se distingue par son courage.
- Il va en Afrique porter la guerre aux Carthaginois, et il incendie sa flotte.
- Il tue son allié Ophellas, gouverneur de Cyrène; et mis en prison, se sauve et revient à Syracuse (307).
- Ses massacres à Syracuse; il se tue lui-même (289).

PYRRHUS — Est appelé d'Epire par Syracuse — Il subit un échec et s'en retourne.

HIÉRON II (275 à 216)
- Syracuse s'unit à Carthage pour lutter contre Rome.
- Après la défaite d'Annibal, la ville obtient cinquante ans de paix.

Archimède, avec ses machines de guerre, défend deux ans Syracuse contre le Romain Metellus.

La ville est prise enfin et se soumet à Rome (212).

CONCLUSION

CE QU'A FAIT LA GRÈCE
- La Grèce couvre les bords de la Méditerranée de villes florissantes, et devient maîtresse du monde par ses armes, son commerce et sa civilisation.
- pour les Sciences
  - Elle a établi les méthodes de mathématiques pures : géométrie, mécanique, astronomie.
  - Elle a commencé la médecine et la botanique.
- pour les Lettres
  - Homère — Pindare — Sophocle — Aristophane — Hérodote — Démosthène, etc.
  - Les Grecs sont restés les maîtres éternels dans tous les genres — Aucun peuple, même moderne, n'a pu les dépasser pour les arts, les lettres ou la philosophie.

DÉFAUTS
- La Grèce n'a jamais su créer ni organiser un État, sauf peut-être pendant les guerres médiques.
- La Religion se moque de la morale et légitime le mal.
- L'or corrompt les hommes et les institutions.
- Très peu d'hommes remarquables après Marathon.

La Grèce depuis 146 jusqu'à nos jours (voir tableaux suivants).

HISTOIRE ROMAINE

Les premiers peuples

- Les Pélasges.
- Les Japyges.
- Les Italiotes
  - Les Latins avaient pour villes : Albe, Lanuvium, Tibur, Gabie, Aricia, etc.
  - Les Ombriens habitent la vallée du Pô.
  - Les Samnites habitent les Abruzzes.
- Les Etrusques
  - Villes principales : Mantoue, Bologne, Ravenne, et plus tard Bolsena, Clusium, Arretium, Tarquinies, Veies.
  - Peuple agricole et industriel, a une marine très développée.
  - Ils adorent les phénomènes de la nature.
- Les Grecs
  - Fondent de nombreuses colonies.
  - 1° La Grande Grèce ou Italie méridionale : Sybaris.
  - 2° Groupe ionien : Cumes et les villes de Sicile, Messine, Catane.
  - 3° Groupe dorien : Syracuse, Agrigente, Géla, Tarente.

Fondation de Rome (753 ans avant J.-C.).

ROIS	ÉVÈNEMENTS
Romulus (753-715)	Romulus et Rémus — Leur éducation — Leur lutte. Romulus tue son frère Rémus (753). Enlèvement des Sabines — Union des Romains et des Sabins. Disparition subite de Romulus (715).
Numa Pompilius (715-672)	Numa était Sabin — La Nymphe Egérie le conseille secrètement — Institutions religieuses établies à Rome. Réforme du Calendrier — Construction du temple de Janus. Il développe l'agriculture et l'industrie.
Tullus Hostilius (672-648)	Tullus lutte contre Albe — Combat des trois Romains et des trois Sabins — Albe est détruite ; ses habitants viennent à Rome. Rome domine tout le Latium Tullus est frappé de la foudre par les dieux.
Ancus Martius (648-616)	Ancus étend le territoire de Rome jusqu'à la mer. Il jette sur le Tibre un pont en bois. Prince pieux et pacifique — Fondation du port d'Ostie. Fortification du Janicule.

LITTÉRATURE

Le Vers Saturnien

- Poésie religieuse
  - Chants des prêtres saliens— des frères arvales.
  - Les tables eugubines.
  - Oracles
    - Les sentences.
    - Les prédictions.
- Poésie profane
  - *Les Nénies.*
  - *Carmina convivalia.*
  - *Inscriptions triomphales.*
  - *Inscriptions funèbres.*
  - *Les Triomphes.*
  - *Chants fescennins.*

Prose

Les traités des rois.
Les lois royales.
Les annales des pontifes.

	ÉVÈNEMENTS	LITTÉRATURE
TARQUIN L'ANCIEN (616 578)	Tarquin était venu d'Etrurie à Rome : il veut transporter dans cette ville les richesses étrusques. Tarquin embellit Rome, construit le temple du Capitole — Fait dessécher les marais. Il fait la guerre aux Sabins et aux Latins.	Le savant Niebuhr croit qu'à l'origine, il y a eu une vaste épopée populaire — Il pense que les Annales pontificales ont disparu dans l'incendie de Rome — Il parle du cycle de Romulus — Chansons des Horaces — Révolte de Brutus — Histoire de Coclès et de Clélie, etc., etc. On peut dire, avec plus de vraisemblance, que l'imagination populaire a travesti tous ces faits lointains.
SERVIUS TULLIUS (578-534)	Servius vient d'Etrurie — Fut un grand réformateur — Rome divisée en 4 tribus. Il donne aux Plébéiens, une place parmi les citoyens, toutefois sans leur accorder de droits politiques. Le peuple est divisé en 6 classes et 193 centuries. Il divise le territoire et la ville en 4 tribus où les habitants sont rangés d'après leur domicile — Réformes favorables au peuple. Les citoyens sont répartis en 6 classes.	
TARQUIN LE SUPERBE (534-509)	Arrive au pouvoir en tuant, dit-on, son beau-père Tullius. Bat les Volsques et devient le chef de la confédération des villes latines. Il se montre l'ennemi des patriciens qu'il bannit. Révolution de 509, à la suite d'un attentat sur la vertueuse Lucrèce. Brutus déclare le roi déchu et la royauté abolie.	

LA RELIGION ROMAINE

La religion joue un grand rôle dans l'organisation primitive des Romains, elle explique la formation de la Gens.

LA GENS dieux de la famille	Les dieux de la Gens sont les âmes des ancêtres. L'ancêtre commun est le *lar familiaris.* Les autres ancêtres sont *les mânes.* Enfin *les pénates.*	Le père de famille était le prêtre. Il offrait à ces dieux des libations de vin et de lait — Il brûlait des parfums en leur honneur.
DIVINITÉS GÉNÉRALES	Les Romains adorent d'abord les forces de la nature. Jupiter est le dieu du ciel et de l'atmosphère. Junon, la déesse de la lumière. Saturne, Mars, Cérès dieux de la guerre, de l'agriculture. Chaque évènement de la vie champêtre a son dieu tutélaire. Cette religion attache une grande importance aux pratiques du culte. Après la conquête de la Grèce, invasion des dieux grecs.	

A Rome, il n'y avait pas de clergé, mais des corporations religieuses.

COLLÈGES RELIGIEUX	Les Luperques, les Saliens, prêtres de Mars. Les frères Arvales, voués au culte de la terre nourricière. Les Vestales entretenaient sur l'hôtel de Vesta une flamme toujours vive. Les Augures, interprètent les auspices publics : vol d'oiseaux, direction des éclairs. Les Féciaux — les Pontifes — les Quindécemvirs.

INSTITUTIONS PRIMITIVES

LES CLASSES	1° Les Patriciens, descendus d'hommes libres. 2° Les Gents, ont des esclaves pour aïeux ; sont unis aux premiers par certains engagements. 3° La Plèbe, multitude confuse et méprisée.

L'assemblée générale des citoyens est *l'assemblée curiate* : la curie comprend plusieurs familles.

Les membres des gentes se réunissaient pour les affaires importantes et formaient aussi des assemblées curiates.

Le Sénat comprend 300 membres ou les patres conscripti, chefs des 300 gentes.

Royauté non héréditaire, mais élective.

Chaque tribu a un tribun ; elle est divisée en dix curies qui ont un Curion ; chaque curie se subdivise en dix décuries ayant chacun un Décurion.

La garde du roi se compose de 300 chevaliers.

Sur la place du Forum, aboutit toute la vie religieuse, sociale, politique et économique.

LA RÉPUBLIQUE A ROME

	ÉVÈNEMENTS	LITTÉRATURE
LES PREMIERS TEMPS DE LA RÉPUBLIQUE (509-460)	Après avoir déclaré la royauté abolie, on crée deux consuls choisis parmi les Patriciens et nommés pour un an ; les consuls sont nommés par l'assemblée centuriate ; les plébéiens sont gagnés à la cause de la révolution : 1° parce qu'on leur distribue les terres du domaine royal ; 2° qu'on abolit les douanes et 3° que Brutus admet dans les centuries équestres 400 des plus riches plébéiens. Conspiration des fils de Brutus — leur mort.	*Chants des Arvales* (d'après M. Bréal) *Enom, Lases, juvate* *Neve luem arves, marmar, sers incurrere* *Impleores.* *Sata tutere, Mars.* *Clemens satis sta. Berber.* *Semones alternei advocapit conctos,* *Enom, Marmar, juvato.* *Triumphe.* (L'interprétation de ce morceau est très douteuse.)

	ÉVÈNEMENTS	LITTÉRATURE
Les Premiers Temps de la République (509-460)	Guerre contre Porsenna : Rome menacée par les Etrusques et Porsenna. Courage d'Horatius Coclès. de Scœvola — de Clélie. Les plébéiens sont malheureux, ils peuvent être mis à mort par leurs créanciers — Ils refusent de servir dans les légions. Création de la dictature par le Sénat (501). Tarquin soulève le Latium : Bataille du lac Régille (496). Mort de Tarquin à Cumes (495). Retraite du peuple sur le Mont Sacré (493) ; apologue des membres et de l'estomac. Pouvoir des tribuns : Personne inviolable et sacrée ; ils peuvent suspendre les décisions des magistrats et du Sénat ; leur maison est toujours ouverte. Spurius Cassius veut que les terres prises à l'ennemi et données aux patriciens paient une redevance. C'est la loi Agraire (486). Courage des Fabius au Crémère contre les Véiens. Les tribuns obtiennent que les assemblées par tribus pourront rendre des décrets nommés plébiscites (471). Coriolan, Véturie et les Volsques.	Brutus. Valerius Publicola. Valerius Potitius. — Orateurs
Tribun Terentillius	Terentillius demande que dix hommes soient nommés pour rédiger et publier un code de lois. Le patricien Céson veut repousser cette loi — Son insolence le fait exiler (460). Céson revient attaquer Rome (459) ; il échoue ; La proposition Terentillius est adoptée.	
Les Décemvirs	Trois commissaires vont à Athènes étudier les meilleures lois. On nomme dix magistrats patriciens, investis de pouvoirs illimités — Ils affichent dix tables de loi, pour que chacun y apporte ses modifications (450).	Les Lois des XII Tables (451-450) 1° Etablissent l'égalité des citoyens ; 2° Défendent les mariages entre les deux ordres ; 3° Les plébéiens sont exclus des hautes charges de l'Etat ; 4° Reconnaissent la légitimité du mariage plébéien.

ÉVÈNEMENTS

Les Décemvirs

- En 449, nomination de nouveaux décemvirs, quelques-uns sont plébéiens — Ambition d'Appius Claudius.
- Révolte à Rome — Tyrannie d'Appius — Mort de Dentatus, de Virginie.
- Le peuple se retire de nouveau sur le Mont Sacré (449).

Progrès des Plébéiens

- Création de la Censure (444).
- Les Censeurs :
  - Font le dénombrement des citoyens.
  - Dressent la liste des sénateurs.
  - Règlent le budget de l'Etat.
  - Répartissent les citoyens dans les classes et tribus
- Les Tribuns acquièrent une autorité de plus en plus grande, mais ils n'exercent leur autorité que dans Rome.
- En 428, ils menacent les consuls de la prison
- En 420, ils forcent le Sénat à porter les questions de paix et de guerre devant l'assemblée centuriate.
- Les plébéiens deviennent tribuns militaires.
- Manlius Capitolinus prend la défense des plébéiens ; il est condamné à mort.
- Le Consulat est partagé entre les plébéiens et les patriciens (366).
- Création de l'édilité curule réservée aux patriciens.
- Les Curules :
  - Surveillent les marchés, les approvisionnements.
  - S'occupent de la police de la ville.
  - Organisent les jeux.
- Les charges deviennent communes :
  - Dictature en 355.
  - Censure en 350.
  - La Préture en 337.
  - Le Sacerdoce (302) — Loi Ogulnia.
- Enfin une nouvelle noblesse se forme quand les plébéiens peuvent s'unir par le mariage aux patriciens — Connubium.

LITTÉRATURE

Dans l'époque antérieure à l'introduction de l'Hellénisme on trouve :

Théatre Comique

Atellanes (latinisées après 214).

Satire

Vers satiriques des triomphes.
Vers fescennins.

Poésie Lyrique

Hymnes religieux.
Epitaphes en vers.
Nénies.
Chansons populaires, etc.

Eloquence. }
Erudition. } ?
Sciences. }

Histoire

Annales — Fastes.

L'ARMÉE ROMAINE

Tous les citoyens, jusqu'à l'âge de 46 ans, peuvent être appelés à l'armée ; mais il n'y a pas d'armée permanente.

Les citoyens riches font partie de la cavalerie ; les pauvres, de l'infanterie.

Pour chaque expédition, le Sénat fixe le nombre de troupes à lever ; puis le Consul réunit les citoyens groupés en tribus.

Une armée comptait généralement quatre légions.

LA LÉGION
- Composée de 6.000 fantassins et 600 cavaliers.
- La légion est divisée en cohortes subdivisées en : Manipules. Centuries.
- Infanterie de ligne divisée en :
  - Hastiaires : les plus jeunes.
  - Principes : les adultes.
  - Triaires : les vieux.
- Chaque légion a six tribuns qui commandent à tour de rôle.
- Le chef de la Centurie est le Centurion.
- Le légionnaire a pour armes : le pilum, javelot qu'il lance. le gladius ou épée.

Discipline très sévère — Récompense du chef : le Triomphe.

ORGANISATION DE L'ITALIE
- Rome concède à une partie des Italiens le droit de cité romaine.
- *Municipes* ou villes agrégées à Rome :
  - *Municipes optimo jure*, dont les citoyens peuvent exercer tous les droits.
  - *Municipes sine suffragio* (sans droit de suffrage).
  - Villes qui ont un traité avec Rome.
- Les préfectures — Les dedititii, soumis directement à Rome.
- Quelques villes qui se croient libres, mais qui doivent payer l'impôt.

ÉVÈNEMENTS

LITTÉRATURE

Les Colonies ne sont que des garnisons en pays ennemis.

VOIES MILITAIRES
- Voie Appienne — de Rome à Capoue.
- Voie Aurélienne — longe les côtes de l'Etrurie.
- Voie Flaminienne — de Rome à Ariminium.
- Voie Emilienne — Voie Valérienne, etc., etc.

Patriotisme — Les Décius.

Désintéressement — Cincinnatus ; Régulus ; Curius Dentatus, etc.

Mœurs austères ; autorité paternelle : droit de vie et de mort : Exemple, Brutus.

ROME A L'EXTÉRIEUR

	ÉVÈNEMENTS	Livres à consulter pour cette époque :
PEUPLES VOISINS	Les peuples voisins de Rome sont : 1° Les Veiens, presque aussi forts que les Romains. 2° Les Eques, montagnards qui veulent vivre aux dépens de la plaine. 3° Les Latins qui s'allient aux Romains (493). 4° Les Sabins. Siège de Véies qui dure 10 ans — Triomphe de Camille.	V. Duruy : *Histoire des Romains*. J. Martha : *l'Art Etrusque*. Bouché-Leclerq : *Manuel des Institutions romaines*. Fustel de Coulanges : *la Cité antique, le culte de Vesta*. Preller-Dietz : *les dieux de l'ancienne Rome*. Michelet : *Histoire romaine*. Mommsen : *Histoire romaine*.
INVASION DES GAULOIS	30.000 Sénons viennent demander des terres à Clusium. Des ambassadeurs Gaulois viennent à Rome demander satisfaction du meurtre d'un chef — Refus. Les Romains sont battus près de l'Allia (390). Prise de Rome — Siège du Capitole — Arrivée de Camille et retraite des Gaulois. Dévouement de Manlius Torquatus ; de Valerius Corvus.	
PREMIÈRE GUERRE DES SAMNITES (343-341)	Les Samnites attaquent les Campaniens qui implorent le secours de Rome — Prise de Capoue (343).	
GUERRE CONTRE LES LATINS (340-338)	Les Latins demandent l'égalité politique et une part dans le Sénat et le Consulat. Manlius tue son fils qui avait violé ses ordres. Bataille de Véséris, dévouement du premier Décius. Soumission des Latins (338).	Curius Dentatus (orateur).
DEUXIÈME GUERRE CONTRE LES SAMNITES (327-304)	Les Samnites excitent un soulèvement en Campanie, à Paléopolis (327). Le proconsulat ou réélection du même consul est créé à Rome. Les Romains aux Fourches Caudines (321). Conquête de l'Apulie (320) — Dictature de Papirius Cursor (309). Soumission complète du Samnium (305).	

	ÉVÈNEMENTS	LITTÉRATURE	
COALITION DES PEUPLES ITALIENS CONTRE ROME	Les chefs Samnites soulèvent contre Rome, les Etrusques, les Ombriens, les Sabins et les Gaulois. Levée de 100,000 soldats romains. Bataille de Sentinum (293) ; dévouement du deuxième Décius. Bataille d'Aquilonie (293) ; les Samnites perdent 30,000 hommes. Soumission définitive des Samnites (290). Destruction des Sénons (283).	Appius Claudius Cœcus C. Fabricius	Orateurs
GUERRE CONTRE PYRRHUS (280-272)	Pyrrhus appelé par la ville de Tarente, arrive avec 30.000 hommes — Il secoue la mollesse des habitants. Bataille d'Héraclée (280) — Perthe. { 15.000 Romains. 13.000 soldats de Pyrrhus. Victoire à la Pyrrhus. Cinéas à Rome. Bataille d'Ausculum (279) — Défaite des Romains. Bataille de Benévent (275) — Après un voyage en Sicile, Pyrrhus est battu (272). L'Italie entière fait sa soumission à Rome.		

LES GUERRES PUNIQUES

	ÉVÈNEMENTS	LITTÉRATURE
CARTHAGE	Colonie de Tyr, fondée par Didon (IXe siècle avant J.-C.). Son commerce est alimenté par l'agriculture et l'industrie. Elle ne fait des conquêtes que dans l'intérêt du commerce. Fait la guerre avec des mercenaires. Constitution mêlée d'éléments divers { Royauté. Aristocratie. Démocratie. Les Suffètes, élus pour un an, pris dans les familles privilégiées. Le Conseil de Centumvirs — Ville corrompue.	

ÉVÈNEMENTS

Carthage

- Opinions diverses
  - Les *Barcas* voulaient pour Carthage une puissance militaire et conquérante.
  - Les *Hannons* voulaient développer le commerce et la richesse publique.

Première Guerre Punique (264-241)

- Pendant la guerre de Pyrrhus, Rome refuse des secours à Carthage à laquelle elle était alliée.
- Les Carthaginois et les Mamertins en Sicile (264) — Les Mamertins appellent les Romains à leur secours.
- Hiéron s'allie aux Carthaginois, puis traite avec les Romains auxquels il donne 100 talents (263).
- Victoire navale de Duilius (260) — Première victoire navale des Romains
- Scipion entreprend la conquête de
  - la Sardaigne.
  - la Corse.
- Bataille navale d'Ecnome (256).
- Les Romains en Afrique — Regulus et Xantippe (255).
- Les Carthaginois reprennent Agrigente — Bataille de Panorme (250) — Régulus à Rome.
- Les poulets sacrés — Défaite de Claudius Pulcher (249).
- Lutatius Catulus vainc la flotte carthaginoise près des îles Œgates.
- Traité (241)
  - Carthage n'attaquera plus Hiéron.
  - Elle abandonnera la Sicile et les îles voisines.
  - Elle rendra sans rançon les prisonniers.
  - Elle paiera en 10 ans 3.200 talents (19 millions).

Conquêtes Romaines

- Les Romains s'emparent de la Sardaigne, de la Corse et d'une partie de l'Illyrie (229).

LITTÉRATURE

Poètes Tragiques

Livius Andronicus (270 +
- Quelques fragments de tragédies.
- Hymnes — Une odyssée.
- Il fait représenter le premier drame romain vers l'an 240.

Nevius (260-200)
- Comédies
  - *Ariolus.*
  - *Leo.*
- *Le cheval de Troie.*
- *Hector proficiscens.*
- *Education de Romulus et Remus.*
- *Clastidium.*

Ennius (239-169)
- A composé 22 pièces.
- *Iphigénie — Télamon — Ajax — Alcméon — Thyeste — Hécube — Achilles — Médée*, etc.
- Poésie épique : *les Annales.*

Pacuvius (220-130)
- *Jugement des armes — Antiope — Chrysès — Hermione — Teucer — Niptra — Duloreste.*

Accius (170-86)
- *Atrée — Brutus — Decius — Andromède — Méléagre — Médée — Épigones — l'Epinausimaché — le Philoctète — le Télèphe.*
- Il a écrit des Annales.

ÉVÈNEMENTS

Conquêtes Romaines

Soulèvement des Gaulois
- L'Italie entière s'arme contre eux.
- Les Gaulois sont battus près du lac Télamon (225).
- Marcellus, vainqueur des Gaulois cisalpins.

Guerre inexpiable a Carthage

A Carthage, les mercenaires se révoltent parce qu'ils ne sont pas payés — 20.000 se révoltent avec succès — Puis secours venus de Rome — Réconciliation des Barcas et des Hannons — Défaite des mercenaires.

Amilcar est envoyé en Espagne — Il en fait la conquête en neuf ans — Asdrubal et Annibal lui succèdent (236-220).

Annibal

Annibal, fils d'Hamilcar — audacieux, courageux.

Deux motifs
- Sa haine contre Rome — son serment.
- Le désir de dominer à Carthage.

Deuxième Guerre Punique (218 201)

Annibal viole les traités et prend Sagonte (218).

Il veut venir en Italie à travers l'Espagne et la Gaule — Départ de Carthagène (218) — 100.000 hommes — 7.000 désertent aux Pyrénées — Il franchit le Rhône, malgré les Volks — premier combat — 300 Romains contre 500 Numides.

Passage des Alpes
- Au val de Tarentaise, au petit Saint-Bernard.
- Arrivée par le val d'Aoste, dans le pays des Insubriens, ses alliés.

Son armée a 20.000 fantassins et 6.000 cavaliers.

Scipion et Annibal au combat du Tessin (218).

Bataille de la Trebbie (218) — Romains vaincus.

Annibal s'avance dans les marais de l'Etrurie

Bataille de Trasimène
- 15.000 Romains tués.
- 10.000 prisonniers.

Fabius le Temporiseur (217) — Bataille de Cannes (216).

LITTÉRATURE

Tous ces poètes imitent les grands poètes tragiques de la Grèce.

Comédie

Plaute (251-184)
- *Amphitryon — Asinaria — Aulularia — les Captifs — Casina — Gistelloria — les Menechmes — Epidius — le Marchand — le Soldat fanfaron — Mostellaria le Perse — Pœrulus — le Cable Trinummus — le Brutal.*

Cecilius (+168)

Térence (194-158)
- *L'Andrienne* (166) — *l'Eunuque* — *l'Hécyre* (165) — *l'Hécyre* (165) — *les Adelphes* (160) — *l'Heautontimoruménos* (163 — *le Phormion.*

Afranius

Epopées

Livius Andronicus — l'Odyssée — Névius — Guerre punique.

Ennius (239-169)
- *les Annales.*
- Il a une influence considérable sur la littérature.

Hostius — *Bellum Istricum.*

La Satire

Satira quidem tota nostra est, dit Quintillien.

Ennius semble avoir eu l'idée de ce genre nouveau.

Lucilius (147-103)
- Est le véritable inventeur.
- Il ne reste que quelques fragments des 30 livres qu'il a écrits.

ÉVÈNEMENTS				LITTÉRATURE
DEUXIÈME GUERRE PUNIQUE (218-201)	Le consul Paul Emile périt à Cannes et avec lui 70.000 hommes, sans compter les prisonniers. Réveil du patriotisme à Rome. Capoue se donne à Annibal ; mais celui-ci est abandonné de Carthage — Intrigues d'Annibal en Macédoine et à Syracuse — Cette ville est assiégée et prise par les Romains (214-212) — Mort d'Archimède.			**Histoire** Les Annalistes grecs. Caton (234-149) : *Traité sur les mœurs.* *De rè rusticà.* *les Origines* — *Sur l'Art militaire* Calpurnius Pison — 7 livres d'Annales. Cassius Emina — Annales. Celius Antipater. Sempronius Asellio — *Historiæ.* Claudius Quadrigarius. Cornelius Sisenna. Valérius Antias.
		Publius Scipion	Est envoyé en Espagne. Prend Carthagène, y épargne les habitants — Bat Asdrubal et repousse l'ennemi jusqu'à Cadix — Il va chez Syphax, roi des Numides.	
	Prise de Capoue (211). Bataille du Métaure (207) — Mort d'Asdrubal			**Orateurs** Orateurs politiques Licinius Crassus — Sulpicius Gallus. Paul Emile. Caton — le premier orateur de Rome. Galba. Scipion l'Africain. Les Gracques.
P. SCIPION	Scipion à son retour d'Espagne est consul (206) — Il passe en Afrique avec 30.000 hommes (204). Carthage rappelle Annibal (203). Bataille de Zama (202) — Annibal est vaincu.			
		Traité (201)	Carthage doit renoncer à tout ce qu'elle possède en dehors de l'Afrique — Elle ne fera aucune guerre sans la permission de Rome — Elle paiera pendant 50 ans une contribution annuelle de 200 talents (1.200.000 francs) — Elle livrera ses éléphants et ses galères, excepté dix.	
TROISIÈME GUERRE PUNIQUE (158-146)	Carthage est relevée par Annibal — Le "délenda est Carthago" de Caton — Massinissa, roi des Numides, enlève des possessions à Carthage — Approbation de Rome. Lutte de Massinissa et des Carthaginois. Arrivée de 80.000 légionnaires romains au secours de Massinissa — Ils vont s'installer à Utique.			

	ÉVÈNEMENTS	LITTÉRATURE
TROISIÈME GUERRE PUNIQUE (148-146)	Les Romains demandent les armes aux Carthaginois et font ensuite le siège de leur ville. Courage et énergie de Scipion Emilien (147). Asdrubal implore la clémence de Scipion — Carthage est détruite. L'Afrique carthaginoise devient province romaine (146).	

CONQUÊTES EN ORIENT

	ÉVÈNEMENTS	
Contre 1° PHILIPPE V	Carthage est soumise, l'Occident tranquille, le Sénat veut porter la guerre en Orient. La guerre est déclarée à Philippe, roi de Macédoine *(voir Histoire Grecque)*. Le consul Flaminius { bat Philippe à Cynocéphales (197). / proclame la liberté des Grecs (196).	
2° ANTIOCHUS	Roi de Syrie, qui renvoie l'ambassade romaine — Annibal, réfugié chez lui, le décide à faire la guerre. Combat des Thermopyles (191) — Fuite d'Antiochus — Les Romains en Asie. Bataille de Magnésie (190) — Paix avec Antiochus (188).	Progrès de l'Hellénisme à Rome ; il y a des Grecs dans toutes les maisons. Voyages nombreux en Grèce. Besoin d une langue nouvelle Apparition d'un esprit nouveau.
3° PHILIPPE V	Philippe V prépare de nouvelles armes et recherche l'alliance des Barbares et des Thraces — Mort de Philopœmen et d'Annibal (183) — Mort de Philippe V (179) — Il est remplacé par son fils Persée.	
4° PERSÉE (179-168)	Persée cherche l'alliance du roi de Thrace, Cothys et celle de Prusias, roi de Syrie. Il déclare la guerre parce qu'on l'accuse du meurtre d'Eumène. Bataille de Pydna (168) — Persée vaincu — Destruction de la phalange. Persée se rend à Paul Emile et orne son triomphe à Rome.	

ÉVÈNEMENTS		LITTÉRATURE
Soumission	de Prusias. d'Eumène. d'Antiochus Ephiphane.	

La Macédoine est réduite en province romaine (143).
Réduction du royaume de Pergame en province romaine (129).
° Pour Mithridate, roi du Pont *(voir Histoire Grecque)*.

CONQUÊTES EN OCCIDENT

ÉVÈNEMENTS

Soumission de la Cisalpine (201-176)

- Gaulois cisalpins : Boïens, Cénomans, Insubres.
- Émigration des Boïens
- Soumissions des Ligures dans l'Apennin occidental (180).

Soumission de l'Espagne (197-133)

- Après la bataille de Zama, l'Espagne forme deux provinces romaines — Soulèvement des Espagnols, Caton gagne l'alliance des Celtibériens.
- Commandement cruel de Sempronius Gracchus.
- Viriathe : bat les Romains (145). est assassiné par le consul Servilius Cipion (140).
- Numance devient le refuge des Celtibériens sur le Douro — Scipion Émilien envoyé en Espagne.
- Pillage et prise de Numance (133) par Scipion. Soumission de l'Espagne.

Guerre contre Jugurtha (111-104)

- L'Empire de Numidie est partagé par : Adherdal. Hiempsal. Jugurtha.
- Jugurtha reste seul le maître (117).
- Jugurtha est accusé, il vient à Rome et s'en retourne absous, après avoir corrompu les tribuns.
- Plus tard, Metellus est envoyé contre Jugurtha (108).
- Metellus a pour lieutenant Marius.

LITTÉRATURE

Période Cicéronienne

La Prose

Varron (114-26)

- Il prétend avoir écrit 480 livres.
- Il a écrit quelques poésies : *Les Ménippées.*
- Dialogues : *Logistorici.*
- Biographies : *Les Hebdomades.*
- *De re rusticâ* (3 liv.) — *De linguâ latina.*
- *Antiquités des choses divines et humaines*
- Histoire littéraire : *Théâtres libri — Actionibus. Scenicis — de Personnis, etc.*

Orateurs

Hortensius (114-50).

Cicéron (106-43) : 1° Discours — 2° Traités de rhétorique et de philosophie — 3° Poésies, lettres.

EVÈNEMENTS

Guerre contre Jugurtha (111-104)

Marius (155-86)
- Homme rude, illettré, intrépide, s'était distingué à la prise de Numance (133).
- Il se marie à la patricienne Julia.
- Il devient consul (107) — Il se plaint de la conduite des grands, enrôle des prolétaires et passe en Numidie
- Jugurtha lui est livré (104).
- Triomphe de Marius.

Défaite des Cimbres et des Teutons (102-101)
- 200,000 Cimbres et Teutons s'avancent vers le Sud de l'Europe, chassés par un débordement de la Baltique.
- Ils pillent la Norique, la Pannonie et l'Illyrie.
- Ils passent en Gaule, où l'on venait de fonder la province Narbonnaise (124-118) et y détruisent six armées romaines (113-105).
- Marius bat les Teutons à Aix (102)
- Marius défait les Cimbres à Verceil (101)
- Marius est nommé le 3e Romulus.

LITTÉRATURE

Période Cicéronienne (suite)

Cicéron (106-43)

1° Discours

Les plus remarquables sont :
- Contre Verrès — *pro lege Manilia* (66).
- Contre Catilina (4 discours) (63).
- *Pro Murena* (63) *Pro domo suâ* (57)
- Contre Pison (55) Pour Milon (52).
- *Les Philippiques* (43) — *la Loi Agraire* (63), etc.

2° Ouvrages de Rhétorique
- *La Rhétorique à Herennius* (4 livres).
- *La Rhétorique* (2 livres).
- *Brutus* (46) *ou des orateurs illustres.*
- *L'Orateur — Lieux communs.*
- *De optimo genere oratorum.*

GUERRES DE CÉSAR EN GAULE

ÉVÈNEMENTS

Les Gaulois sont divisés et ennemis. On distingue
- les Arvernes.
- Eduens, Séquanes.
- Rèmes, etc.

La Gaule Narbonnaise est soumise par Rome (56).

1re Campagne
- Lutte des Eduens et des Séquanes.
- Les Eduens appellent les Romains.
- Les Helvètes qui ont appelé les Suèves avec Arioviste, sont vaincus (58).
- Soumission de la Vallée de la Saône (58).

2e et 3e Campagnes
- Les Rèmes (Reims) s'allient aux Romains.
- Soumission des Bellovaques (57) — Conquête de la Belgique.

LITTÉRATURE

Période Cicéronienne (suite)

Cicéron (106-43)

3° Ouvrages de Philosophie
- *Des lois — La République — Des Devoirs — Des vertus — De l'Amitié — De la consolation — De la Vieillesse.*
- *Des Biens et des Maux.*
- *Les Tusculanes — De la nature des Dieux.*
- *De Divinatione.*

Les Lettres

ÉVÈNEMENTS

2ᵉ et 3ᵉ Campagnes
- Crassus soumet le pays entre la Seine et la Loire.
- César bat les Venètes (Vannes) et soumet l'Armorique.
- Sabinus bat les Aulerques, Crassus se rend maître de l'Aquitaine (56).

4ᵉ et 5ᵉ Campagnes
- César bat les peuples d'au-delà du Rhin (55) — Il franchit ce fleuve et pénètre dans la Germanie rhénane.
- César veut aller en Grande Bretagne (Angleterre).
- Il échoue d'abord, puis s'avance jusqu'à Londres.
- Il n'obtient des indigènes que de vagues promesses de fidélité.

6ᵉ Campagne
- Ambiorix et Induciomare forment une conspiration.
- César et son lieutenant Labienus battent tous les chefs Gaulois ; seul, Ambiorix se sauvent (53).
- Insurrection générale de la Gaule.
- Vercingétorix
  - Arverne, chef de la résistance nationale.
  - Il brûle toutes les villes, excepté Bourges.
  - César s'avance jusqu'à Melun.
  - Siège d'Alesia — Victoire de César.
  - Vercingétorix est emmené à Rome (52).

7ᵉ Campagne
- César bat les Bituriges, Carnutes et Bellovaques.
- Les Cadurques sont vaincus à Uxellodunum, et les prisonniers faits à cette ville ont la main coupée.
- Soumission définitive de la Gaule (52).
- César laisse aux villes, leurs lois, leurs magistrats ; mais exige un tribut de 40 millions de sesterces (7.760.000 francs).

LITTÉRATURE

Période Cicéronienne (suite)

Autres orateurs
- Marc Antoine — Licinius Crassus.
- Licinius Calvus — Célius — Rufus — Jules César — Junius Brutus.
- Caton le Jeune.
- Messala Corvinus.
- Q. Tubéron.
- Asinius Pollion.

Historiens

César (100-44)
- *Commentaires sur la guerre des Gaules et sur la guerre civile.*
- *Traité grammatical sur l'analogie des Astres — Auguralia.*

Salluste (86-34)
- *La conjuration de Catilina.*
- *La guerre de Jugurtha.*
- *Histoire générale de Rome* (perdue).
- *Lettres sur le gouvernement de la République. — Annales — Livres des exemples.*
- *Vies des hommes illustres.*
- *Biographie des Capitaines*

La Poésie

Poésie dramatique

Pomponius
- *Les Campaniens — Gaulois transalpins.*
- *Le Candidat — Le Préfet des mœurs — L'Aruspice — L'Augure — La Philosophie — La Chèvre — La Vache, etc*
- Ces pièces sont perdues.

Poésie Didactique

Lucrèce (97-51) — *De natura Rerum.*

Epigrammes — Elégies

Bibaculus — Licinius Calvus

Catulle (87-47)
- *116 pièces d'inspiration diverse — Hymne à Diane — Ode à Lesbie — Le Chant Nuptial — Noces de Thétis et de Pelée — La chevelure de Bérénice — Poème à Manlius — Enchantement de l'amour* (perdu.)

HISTOIRE INTÉRIEURE DE ROME

Les conquêtes à l'extérieur, et surtout celle de la Grèce, transforment les idées, les mœurs et les institutions de Rome.

Envahissement de Rome par les Grecs — Sénateurs chassés pour leur mauvaise conduite — Progrès du luxe.

La religion est ruinée — Philosophie sceptique : Carnéade fonde la nouvelle Académie (153) — Dieux orientaux à Rome.

2 Classes dans la République
- 1° La noblesse qui cherche à garder pour elle les honneurs.
- 2° Le peuple, qui, sans être opprimé, est dans la plus grande misère — Il se compose, en grande partie, des affranchis du monde entier.

La *classe moyenne* est détruite : 1° par les guerres ; 2° les pillages ; 3° la création des grandes propriétés (*latifundia*).

L'*Ager publicus* ou domaine de l'Etat.

Extension de l'esclavage — Accroissement de la plèbe urbaine.

Caton le censeur (234-139)
- Désintéressé, économe brave, orateur — Il critique les dépenses de Scipion l'Africain.
- Il s'oppose à l'abrogation de la loi somptuaire Oppia.
- Il devient censeur (184) et crée de lourdes taxes sur les objets de luxe.

Scipion Emilien est l'imitateur de Caton.

Guerre des Esclaves (134-132)
- En Sicile, insurrection d'Eunus ; 70.000 révoltés — Eunus bat quatre prêteurs et un consul.
- Soulèvement à Délos, grand entrepôt et marché d'esclaves.
- Calpurnius Pison bat Eunus (133) — Rupilius bat les esclaves d'Orient.

Les Gracques
- **Tibérius 168-133**
  - Elevé par Cornélie, fille de Scipion l'Africain ;
  - Il avait assisté au siège de Carthage et de Numance — De retour à Rome, il propose la loi Agraire (133) bien difficile à exécuter.
  - Opposition des Grands ; le tribun Octavius, s'oppose aussi à cette loi, il est déposé, malgré son inviolabilité.
  - Tibérius veut déjouer les projets des grands et contenir l'impatience du peuple ; il demande un second tribunat (133) — Il est accusé de trahison et tué (133).
- **Caius 159-121**
  - Est le frère de Tibérius : éloquent, ambitieux.
  - Avait été questeur en Sardaigne — Il veut changer la constitution.
  - Tribun
    - Il propose : 1° que tout citoyen destitué n'ait plus de charges.
    - 2° qu'un magistrat qui bannit un citoyen sans jugement soit traduit devant le peuple.
    - 3° Il établit des distributions de blé au peuple.
    - 4° Il défend aux consuls et au Sénat de juger une cause capitale, même en premier ressort.

- **Les Gracques**
  - Caius
    - Tribun
      - 5° Il donne aux chevaliers l'administration de la justice qui jusque-là appartenait au sénat.
      - 6° Il veut donner aux alliés, les droits de citoyen Romain
    - Le tribun Livius Drusus s'oppose à C. Gracchus
    - Impopularité de Caïus. Il se fait tuer par un esclave (121).
  - Statues élevées plus tard aux Gracques.

- **Les Guerres Civiles**
  - Marius et Sylla
    - Triumvirat de Marius, Saturninus et Glaucia (101).
    - Lois de Saturninus et de Glaucia (100) en faveur des soldats.
    - Rupture de Marius avec les démocrates.
    - Guerres d'esclaves en Sicile (103-100)
    - Guerre Sociale 90-88
      - Causes
        - La loi agraire embarrasse les alliés
        - On chasse de Rome les alliés qui s'y étaient établis.
        - Les alliés voulaient le jus civitatis.
      - Drusus
        - rend le jugement aux sénateurs.
        - fait entrer au Sénat 300 chevaliers.
        - promet les distributions gratuites de blé.
        - veut lutter contre Rome et est assassiné.
      - Les chevaliers s'opposent aux lois du tribun Drusus, car ils possèdent les terres publiques.
      - Soulèvement des Italiens qui veulent former un état distinct de Rome (90).
      - Les lois Julia (90) et Plautia Papiria (89).
      - Marius est envoyé contre les rebelles, il se contente de se défendre, il n'attaque jamais; Sylla a tout l'honneur dans cette guerre.
      - Fin de l'insurrection (89-88).
    - Rivalité de Marius et de Sylla pour la guerre contre Mithridate (88)
    - Sylla en Asie et Marius à Rome (87) de retour de Carthage.
    - Marius à Rome prend le consulat sans les élections (86) — Ses proscriptions — Il meurt (janvier 86).
    - Arrivée de Sylla à Rome avec 40,000 vétérans.
    - Lutte de Sylla contre les consuls; contre Sertorius (83).
    - Dictature et proscription de Sylla (82).
    - Ses réformes — Pouvoir aristocratique, il donne le commandement aux grands.
    - Sylla abdique (79) et meurt (78).

Les Guerres Civiles

- **Pompée**
  - Pompée est chef d'armée à 20 ans — est salué du nom de grand.
  - Lépidus veut renverser la constitution de Sylla (78-77).
  - Pompée est nommé consul et bat Lépidus et son allié Brutus.
  - **Sertorius (82-72)**
    - Sertorius, ancien lieutenant de Marius, officier pendant la guerre sociale.
    - Il cherche à soulever les provinces de l'Occident; en 82, il agite l'Espagne, en est chassé et se retire en Afrique.
    - Son retour en Espagne, guerre avec Metellus (77).
    - Sertorius est maître de l'Espagne; il reçoit aussi des secours de Perpenna, ancien lieutenant de Lépidus.
    - Il cherche à s'allier à Mithridate.
    - Il est battu par Pompée près de Sagonte, et tué en 72.
  - **Spartacus (73-71)**
    - Révolte du Thrace Spartacus et de 3,000 gladiateurs échappés de Capoue.
    - Spartacus bat les 2 consuls { Gellius. / Lentulus.
    - Le Sénat envoie Crassus, et son lieutenant Mummius.
    - Spartacus est tué (71).
    - Pompée détruit 5,000 gladiateurs en revenant d'Espagne.
  - Consulat de Pompée et de Crassus (70); abolition de la constitution de Sylla.
  - La loi Aurélia partage le monopole des jugements entre { Sénat. / Ordre équestre.
  - La loi Gabinia (67) donne pour 3 ans à Pompée une autorité illimitée sur la Méditerranée — Pompée en Syrie.
  - En 70, les tribuns recouvrent le droit de haranguer le peuple et d'aspirer aux charges; — Pompée est choisi comme médiateur.
  - Retour de Pompée 62.
  - **Le premier triumvirat** { Crassus. / Pompée. / César.
- **La République en 63**
  - Désordre et violence partout.
  - On cherche la monarchie
    - Pompée par les lois de son pays.
    - Catilina par des conspirations.
    - César par l'ascendant de son génie.
  - Cicéron cherche la conciliation de tous les ordres.

- **Les Guerres Civiles**
  - Catilina
    - Se fait remarquer par sa férocité, ses vols, ses liaisons infâmes.
    - Il cherche des conspirateurs, Cicéron dénonce le projet dans un éloquent discours ; les complices sont exécutés.
    - Catilina lutte contre Antoine à Pistoie et est tué.
  - Consulat de César (59)
    - Il propose une loi Agraire que Pompée veut défendre avec son épée.
    - On méprise ce que dit le tribun Bibulus.
    - César s'attache l'ordre équestre.
    - Il reçoit pour cinq ans le gouvernement de la Gaule cisalpine et de l'Illyrie.
  - Anarchie à Rome
    - Le patricien Clodius est nommé tribun (58).
    - Clodius diminue les attributions des censeurs, donne du blé aux pauvres et abolit quelques prérogatives du Sénat.
    - Pompée cherche à se rapprocher du Sénat — Exil de Cicéron (58).
    - Conférences de Lucques (56) entre
      - César.
      - Pompée.
      - Crassus.
    - Loi Trébonia (55) qui donne
      - à Pompée, le gouvernement de l'Espagne.
      - à Crassus, le gouvernement de la Syrie.
    - Loi Pompeia Licinia qui donne à César le gouvernement de la Gaule.
    - Expédition de Crassus contre les Parthes (53).
    - Rupture entre César et Pompée
      - Troisième consulat de Pompée (53).
      - Pompée fait déclarer César ennemi public.
      - Passage du Rubicon — Défaite de Labiénus.
      - César s'empare de l'Italie et de l'Espagne.
      - Pompée et César en Epire (48).
      - Bataille de Pharsale (48) — Mort de Pompée en Egypte (48).
    - César va en Egypte et en Asie-Mineure (48-47).
  - Dictature de César
    - Troubles à Rome
      - Le préteur Cœlius propose l'abolition des dettes
      - César est élu dictateur et consul pour cinq ans.
      - Il confisque les biens de ceux qui se sont armés contre lui.
      - Multiplication des charges — Consuls créés pour trois ans.
    - César contre les Républicains
      - César part en Afrique contre Métellus Scipion ; les fils de Pompée ; Caton, Labienus, etc.
      - Bataille de Thapsus (46) ; César y est vainqueur.
      - Caton à Utique (46).
      - César va en Espagne contre les fils de Pompée ; bataille de Munda (45).

- **Les Guerres Civiles**
  - Dictature de César
    - César célèbre quatre triomphes : 1° sur les Gaulois ; 2° l'Egypte ; 3° Pharnacès ; 4° Juba.
    - Ses pouvoirs : 1° Il est consul pour dix ans ; 2° est grand pontife, augure ; 3° est inviolable ; 4° a l'impérium, c'est-à-dire autorité publique, etc.
    - Jeux, festins donnés au peuple — Envoi de 80.000 citoyens dans les colonies.
    - Agriculture rétablie — Terres distribuées aux vieux soldats.
    - Ses projets
      - Il veut la royauté, — refus du peuple ; il fait la guerre pour l'obtenir.
      - Il veut multiplier les droits de cité.
      - Les lois romaines réunies dans un seul Code.
    - Conspiration de Cassius Longinus et de Brutus.
    - Mort de César (15 mars 44).

OCTAVE, ANTOINE ET LÉPIDE

ÉVÈNEMENTS

- **2e Triumvirat**
  - Après la mort de César, les conjurés restent inactifs.
  - Antoine s'empare des papiers de César et du trésor public.
  - Funérailles de César ; considéré comme un dieu.
  - Antoine met en fuite les meurtriers, gagne le Sénat et s'empare du pouvoir.
  - Octave
    - Neveu de César, réclame l'héritage.
    - Lutte d'Antoine et d'Octave.
    - Octave devient chef de l'armée sénatoriale.
    - Guerre de Modène (43).
  - Formation du 2me triumvirat, 27 novembre 43 : Octave. Antoine. Lépide.
  - Les proscriptions — Mort de Cicéron (4 déc. 43).
  - Les spectres (43) — Brutus meurt à la bataille de Philippes (42).

LITTERATURE

Le Siècle d'Auguste

- Mécène est le protecteur des lettres.
- Les lectures publiques où Récitations.
- Auguste crée une bibliotèque publique, la Palatine.

Poésie Epique et Didactique

- L'épopée avant Virgile
  - Nevius — Ennius — Ch. Matius — Helvius Cinna, a fait *Smyrno* — Catulle a fait *Thétis* et *Pelée*.
  - Terentius Varon — *les Argonautiques.*
  - Varius — *Sur la mort de César.*
- Virgile 70-19 av. J.-C.
  - *Culex* — *Moretum* — *Diræ* — *les Bucoliques* (40 à 37).
  - *Les Géorgiques* (37 à 30) — *L'Énéide.*

ÉVÈNEMENTS

Duumvirat d'Octave et d'Antoine.

Octave prend l'Espagne et la Numidie.
Antoine a la Gaule chevelue et l'Afrique.
Lépide est exclu du partage.
Antoine part en Asie ; influence de Cléopâtre sur son caractère et sur sa destinée.
Agrippa, général d'Octave, chasse de Rome, Antonius, frère d'Antoine — Celui ci débarque à Brindes.

Paix de Brindes (43) :
- Antoine a l'Orient jusqu'à l'Adriatique, et doit battre les Parthes.
- Octave a l'Occident et doit lutter contre Sextus Pompée.
- Lépide a l'Afrique.

Paix de Misène (39) avec Sextus Pompée.
Sextus Pompée trahit Octave, s'enfuit en Afrique et est tué par un officier d'Antoine (36).
Lépide reçoit la dignité de grand pontife, est déposé et se retire à Circéi.
Antoine contre les Parthes (34) — Il s'unit à Cléopâtre, lui donne l'Egypte et Chypre et se retire à Alexandrie.

Rupture entre Octave et Antoine (32).
- Octave est aimé à Rome par sa sage administration.
- Antoine est inquiet des fêtes de Rome.
- Il veut y venir, mais fait peu de préparatifs.
- Octave lui déclare la guerre.
- Bataille d'Actium (sept 31) Cléopâtre et Antoine prennent la fuite
- Antoine se tue ; Cléopâtre se fait piquer par un aspic.

L'Egypte est réduite en province romaine (30).
Fin de la République romaine (30).

Auguste (30 av.-14 ap. J.-C.)

Octave rentre à Rome — Temple de Janus est fermé.
Octave se sert des anciens républicains pour arriver à la monarchie.
Pouvoirs donnés à Auguste : Octave garde pendant 6 ans le Consulat.

LITTÉRATURE

Emilius Macer, poëte didactique.
Gratius Faliscus.
Pédo Albinovanus. — *Théréide.* — *La Navigation de Germanicus.*
Cornelius Severus — Guerre Civile.

Poésie Satirique

Horace 65-8 av. J. C.
- Odes (4 livres) — Epodes (un livre).
- *Le Carmen seculare.*
- Satires (2 livres) — Epitres (2 livres).
- *l'Art poétique.*

Poésie Elégiaque

Cornelius Gallus (66 26 av. J. C.)
Tibulle 54-19 av. J. C. — 4 livres de poésie. — le *Panégyrique de Messala.*
Properce (51-15 ap. J. C). 4 livres de Poésie.

Ovide 43 av -18 ap. J. C.
- *Les Amours — L'Art d'aimer.*
- Poëme : *les Héroïdes.*
- Tragédie : *Médée.*
- *Les Métamorphoses* (15 livres)
- *Les Fastes — Les Tristes — Les Pontiques.*

Tragédie

Cassius de Parme — *Brutus.*
Auguste : *Ajax.*
Turranius — *Asinius Pellion.*
Ovide : *Médée*, *Varius*, *Alceste.*

Eloquence et Rhétorique

T. Labienus — Cassius Severus.
Création d'écoles de Rhéteurs où l'on s'imaginait à chercher les causes les plus étranges.

ÉVÈNEMENTS

Auguste (30 av. 14 ap. J. C.)

Pouvoir donnés à Auguste
- Il se fait décerner par le Sénat le commandement suprême des armées.
- Le Sénat lui donne le nom d'Auguste (27).
- En 23, il reçoit la Tribunitia Potestas.
- En 19, il a le pouvoir censorial, la Prefectura morum ; sa vie durant, il devient inviolable.
- En 10, il est nommé souverain pontife.
- Donc, Auguste a le pouvoir absolu.

Création d'une armée permanente, 30,000 hommes qui sont échelonnés le long de la frontière.

Récensement fait lors de la naissance de J. C.

Gouvernement des provinces
- Les proconsuls ont une autorité absolue.
- Ils jugent les affaires importantes.
- Ils peuvent condamner un provincial et non un citoyen romain.
- 1° Les provinces sénatoriales,
- 2° Les provinces impériales.

Administration financière
- Trésor public — ærarium à la disposition du Sénat.
- Trésor privé — fiscus.
- On crée quelques nouveaux impôts.

Libéralité d'Auguste. Sa douceur.

Routes — Postes — Ordre public.

Développement du commerce.

Guerres
- En Espagne : Astures et Cantabres assujettis.
- Belges et Aquitains soumis en 29.
- Les Parthes sont vaincus.

LITTÉRATURE

Rhéteurs

Porcius Latro, venu d'Espagne.

Fuscus Arellius.

Albutius Silus.

Annœus Seneca
- *Oratorum sententiæ.*
- *Divisiones, colores.*

Grammaire, Erudition

Verrius Flaccus
- Un livre de Curiosités.
- *De Verborum significatione.*
- *De l'Orthographe.*
- *Des genres douteux*

Julius Hyginus
- Recueil de Fables.
- *Astronomie poëtique* (4 livres).
- *Propriété des Dieux.*
- *Les Familles troyennes*

Cécilius Epirota.

Vitruve — Traité d'Architecture.

Histoire

Dialogues

Tite Live 59 av. 17 ap J. C.
- *Annales de l'origine de Rome* à la mort de Drusus (9 ans av. J. C.)
- 144 livres dont 35 conservés.

Trogue Pompée
- *Histoire universelle* ou *histoire philippique.*
- *Histoire des animaux.*

Fenestella — Annales.

Les principaux ouvrages à consulter pour cette partie de la littérature sont :

G. Boissier : *Cicéron et ses amis*

Dezobry : *Rome au siècle d'Auguste.*

Taine : *Essai sur Tite-Live.*

ÉVÈNEMENTS

- **Auguste** (30 av.-14 ap. J.-C.)
  - Guerres
    - Au delà du Danube
      - Drusus et Tibère soumettent en l'an 16, les Rhétiens et les Vindéliciens.
      - Marbod soulève la Bohême 13 av.-6 ap. J. C.
      - Les Germains (11 av.-9 ap.) Varus et les légions.
  - Auguste perd tous les membres de sa famille. Il meurt l'an 14 ap. J. C. — Il avait protégé les lettres.

LITTÉRATURE

Sainte-Beuve : *Etudes sur Virgile.*
Fustel de Coulanges : *La Cité antique.*
Collignon : *Virgile.*
Boissier : *Promenades archéologiques.*

LES EMPEREURS ROMAINS

EMPEREURS DE LA MAISON D'AUGUSTE

	ÉVÈNEMENTS		LITTÉRATURE
TIBÈRE (14-37)	Tibère est le gendre d'Auguste. Drusus, son fils, apaise une révolte des légions de Pannonie. Germanicus, son neveu, apaise celle des légions du Rhin. Germanicus : Franchit le Rhin et bat les Germains, aidé par Cœcina — Il passe en Orient et conclut une alliance avec le roi des Parthes. Haine de Pison — Il meurt à Séleucie. L'administration de Tibère rappelle celle d'Auguste. Le favori Séjean (23-31) empoisonne Drusus. Tibère détruit la famille de Germanicus — Séjean complote contre l'empereur devenu cruel — Mort de Tibère (37).		**PREMIER ET DEUXIÈME SIÈCLES** POESIE FABULISTE
		Phèdre	— 97 fables en 5 livres.
			SATIRE-ÉPIGRAMME
		Perse (34 62)	Six satires Impressions de voyage (perdu).
		Juvénal (47-127).	Quinze satires complètes. Il a critiqué les scandales et les turpitudes de la société Romaine.
		Turnus.	
CALIGULA (37-41)	Caligula est le fils de Germanicus. Il devient fou au bout de huit mois et commet tant de cruautés qu'il est empoisonné par Chéréas.	Martial (48-104)	Epigrammes — 14 livres. Le livre des Spectacles (94). Il peint les mœurs de ses comtemporains.
			POÉSIE ÉPIQUE
CLAUDE (41-54)	Claude est le frère de Germanicus. Il est maladif ; s'occupe surtout de littérature. Il se laisse gouverner par la débauchée Messaline, il travaille à l'amélioration des provinces et persécute les druides. Messaline est tuée pour sa cruauté. Agrippine, nièce de Claude, succède à Messaline. Celle-ci accumule sur Néron tous les honneurs,	Lucain (39 65).	Poèmes : *Sur la mort d'Hector.* *Descente d'Orphée aux enfers.* *Fondation de Rome.* Ces trois ouvrages sont perdus. La Pharsale,

ÉVÈNEMENTS

Néron (54-68)
- Les cinq premières années de son règne sont bonnes.
- Il persécute Messaline ; se marie à Poppée.
- Ses cruautés — Persécution contre les chrétiens.
- Incendie de Rome — Burrhus et Sénèque.
- Vindex, général propréteur en Gaule, se révolte.
- Néron se tue. (Juin 68).

Galba (68-69)
- Galba est proclamé empereur à 72 ans.
- Il soulève le peuple par sa sévérité et son avarice.
- Il désigne Pison comme héritier du trône.
- Calba et Pison sont tués sur le Champ de Mars (69).

Othon et Vitellius (69)
- Othon et Vitellius sont proclamés en même temps.
- Bataille à Bedriacum (Italie), Othon, vaincu, se tue.
- Vitellius est tué (69) après l'arrivée de Vespasien dont il a imploré la clémence.
- Vitellius, remarquable pour sa voracité.

Vespasien (69-79)
- Vespasien était d'origine plébéienne ; homme intègre, disciplinaire, ami des troupes. Il lutte en Bretagne.
- Civilis et soulèvement de la Gaule
  - Batave, personnage royal.
  - Après la mort de Vitellius, les Druides et Civilis font proclamer l'indépendance de la Gaule.
  - Civilis bat d'abord les Romains.
  - Soulèvement de la Germanie.
  - Luttes intestines — Sabinus et Eponine.
  - Civilis attaque Vespasien — Il est vaincu, mais il signe un traité honorable
- Destruction de Jérusalem par Titus (71).
- L'armée est disciplinée, les provinces réformées. Il y a plus d'économie — Mort de Vespasien (79).

LITTÉRATURE

Valerius Flaccus + 90 — *les Argonautiques* (8 livres).

Silius Italicus (20-100) — *Punica.*

Papinius Stace (61-96)
- Tragédie perdue : *Agavé.*
- *La Thébaïde* 12 chants.
- *les Silves,* recueil de 32 poèmes divisés en 5 chants.
- *l'Achilléide.*

Poésie Didactique

Calpurnius — onze églogues.

Columelle — *De Re Rusticâ* en 13 livres.

Poésie Lyrique

Césius Bassus.

Saléius Bassus — *Eloge de Calpurnius Pison.*

Vestricius Spurina — Odes.

La Prose

Histoire

Velleius Paterculus (18 av.-31 ap. J. C.) — Deux livres d'Histoire romaine.

Valérius Maxime — Neuf livres de gestes et dits mémorables.

Crémutius Cordus — *Aufidius Bassus.*

Gétulicus — *Corbulon.*

Quinte Curce
- *Son origine et sa naissance sont inconnues.*
- *Histoire d'Alexandre le Grand, roi de Macédoine.*

Tacite (50-130)
- *La vie d'Agricola* (98).
- *Les Mœurs des Germains* (99).
- *Les Histoires — Les Annales* (115).
- *Dialogues des Orateurs.*

EMPEREURS	ÉVÈNEMENTS	LITTÉRATURE
Titus (79-81).	Doux et affable « délices du genre humain. » Rien d'important — Éruption du Vésuve *(79)*.	Philosophie
Domitien (81-96).	Domitien est juste d'abord et devient craintif, soupçonneux. Il donne des jeux au peuple, il persécute les chrétiens. Guerre contre les Daces — Traité honteux pour Domitien. Guerre de Bretagne — Agricola — Le Sud de l'Écosse est réuni à la Calédonie. Domitien est assassiné (96).	Sénèque 61 av. 30 ap. J.-C. — Dix livres de controverse.

LES ANTONINS (96-192)

EMPEREURS	ÉVÈNEMENTS	LITTÉRATURE
Nerva (96-98)	Nerva rappelle les bannis, rend les biens aux proscrits et diminue les impôts. Il délibère de toutes choses avec le sénat	
Trajan (98-117)	Trajan venu d'Espagne et adopté à 42 ans par Nerva. Il punit les auteurs de révoltes — Surnommé Optimus. Il distribue de l'argent à plusieurs villes d'Italie, donne des revenus aux enfants pauvres, et répand l'abondance. Diminution des impôts. Il respecte les droits du sénat, observe la justice. Colonne Trajane — Bibliotèque Ulpienne. Creuse les portes d'Ancône, d'Ostie, de Civita Vecchia Guerre contre les Daces (101-105) : Il va lui-même vaincre les Daces en 3 batailles, prend Sarmizégéthusa, et jette un pont de pierres sur le Danube. Réduction du pays en provinces.	Sénèque le Jeune 2-65 — *Consolation à Helvia.* *Consolation à Polybe.* *Consolation à Marcia.* *De la colère — De la Providence — Du repos du sage — De la clémence.* *De la tranquillité de l'âme.* *De la vie heureuse — De la brièveté de la vie — Des Bienfaits.* Tragédies : *Hercule furieux — Hippolyte.* *Thyeste — La Thébaïde — Œdipe — Agamemnon — Octavie — Hercule Œtœus.*

EMPEREURS	ÉVÉNEMENTS
TRAJAN (98-117)	En Orient (113) : Il vainc Khosroés, roi des Parthes et réduit le pays en provinces. — Soumission des princes de Colchide. Il meurt à Sélinonte, en Cilicie (117).
HADRIEN (117-138).	Hadrien est le neveu de Trajan qui l'adopte. Politique pacifique : il abandonne les conquêtes de l'Orient et ne garde que l'Arabie. Dernier soulèvement des Juifs (135) — leur dispersion, Administration : Il condamne la politique de Trajan. — Il donne les charges de cour à des chevaliers. — L'Edit perpétuel (131) ou code de lois. — Il fait un règlement pour l'armée. — Il visite les provinces, construit des villes, en embellit d'autres : Athènes, Rome, etc. On forme des complots contre lui ; il fait tuer des sénateurs — Il meurt en épicurien (138).
ANTONIN (138-161).	Antonin fut adopté par Hadrien — Originaire de Nimes (France), il fut surnommé « le père du genre humain. » Econome, doux, modéré, il passe son règne à visiter les provinces. Constructions à Rome — Pont du Gard (France).
MARC-AURÈLE (161 180)	Marc-Aurèle fut adopté par Antonin. Il met l'unité dans l'administration. Il envoie son gendre Vérus en Orient (165), puis sur le Danube où il est tué (169). Marc-Aurèle en Orient, puis contre les Bastarmes et les Goths. Il a composé un livre intitulé « Sur lui-même ». Il meurt à Vindobona (Vienne) 180.

LITTÉRATURE

HISTOIRE

Suétone 75 160	*Vie des douze Césars.* *De la République de Cicéron.* *Rome, ses institutions, ses mœurs.* *Les hommes illustres : Térence, Horace, Perse, Lucain, Juvénal,* etc. etc. *Des Rois,* etc.

Florus — quatre livres de l'histoire romaine.

Pomponius Mèla — Géographie.

Celse — *Des Arts.*

Pline l'ancien 23 79	*Histoire Naturelle.*

LA RHÉTORIQUE

Quintilien 40-120	*Institution oratoire — l'art de la Rhétorique* — 163 Déclamations. Discours.
Pline le Jeune 62 113	*Panégyrique de Trajan.* *Les Lettres* (247) en 9 livres.
Fronton 100-170	*Dialogues sur la grammaire.* *Panégyriques — Eloge de la fumée, de la poussière et de la négligence.* Correspondance avec Marc-Aurèle.

LA GRAMMAIRE

V. Probus (IIe si.)	A écrit des commentaires. *Vie de Persius Flaccus.*
Asconius Pedianus	*Commentaires sur les discours de Cicéron.* *Sur la Vie de Salluste.* *Contre les détracteurs de Virgile.*

EMPEREURS	ÉVÉNEMENTS	LITTÉRATURE
COMMODE (180-182)	Commode est le fils de Marc-Aurèle. Il signe la paix avec les Marcomans et prend 20.000 Barbares pour le service de l'Empire. Il n'y a qu'un culte : la force musculaire, et recommence les folies de Néron. Sa favorite Marcia le fait tuer (182). Développement du christianisme.	Ter. Leaurus : *Commentaires sur Virgile, Horace. Ars grammatica.* Aulu-Gelle 130-190 : *Les nuits attiques*, divisées en 28 livres. ROMANS Pétrone (1er si) — le Satirion. Apulée 120-183 : *Le Métiamorphoseon ou l'âne d'or. Apologie ou discours sur la Magie. Le dieu de Socrate. Du monde. — Les Florides. La doctrine de Platon.*

LES EMPEREURS SYRIENS

EMPEREURS	ÉVÉNEMENTS	LITTÉRATURE
PERTINAX (193)	Pertinax n'a que le temps de montrer ses bonnes intentions. Il est économe ; ses soldats l'égorgent.	DU IIIe AU VIe SIÈCLE OU PÉRIODE DE DÉCADENCE
DIDIUS JULIANUS (193).	Didius achète la couronne pour 6.250 drachmes à chaque soldat ; il ne peut payer. Septime Sévère, Albinus, Pescennius Niger sont proclamés en même temps que lui.	Causes : Empereurs venus de Syrie. Coutumes orientales. Revers au dehors de l'Empire. Discordes au dedans. Il n'y a plus de grandes idées, plus de patriotisme.
SEPTIME SÉVÈRE (193-211)	Septime Sévère bat d'abord Niger, en Asie Mineure, puis Albinus sur les bords de la Saône (France). Guerres contre les Parthes (197) ; en Bretagne (204). Il meurt à York (Angleterre) 211. Prince cruel, mais économe et organisateur. — Son règne fut l'âge d'or des législateurs romains.	LITTÉRATURE PAIENNE POÉSIE POÉSIE DIDACTIQUE Serenus Sammonicus — de la Médecine.
CARACALLA (211-217)	Caracala tue son frère Géta. Construction des Thermes à Rome. Il achète la paix aux Alamans sur le Rhin Il fait une expédition contre les Parthes Il est tué par son préfet de prétoire, Macrin.	Olympius Nemesianus IIIe siècle : *Les Halicutiques. Les Cynégétiques. Les Nautiques*, 4 Eglogues. *Eloge d'Hercule.* Terentianus Maurus : Poëme sur les lettres, les syllabes et les lettres.
MACRIN (217-218)	Macrin n'était que chevalier et Africain. Il est battu par Artaban, roi des Parthes, et il est tué par une conspiration de femmes.	Emilianus — Traité sur l'agriculture.

EMPEREURS	ÉVÈNEMENTS	LITTÉRATURE
ELAGABAL (218-222)	Elagabal n'est célèbre que par ses orgies. Les premières charges de l'Etat sont données à des danseurs et des barbiers. Institution d'un Sénat de femmes pour délibérer sur la mode.	Festus Avienus: *Description de l'univers.* *Traduction des phénomènes et des Pronostics d'Aratos.* *Les Bords de la mer.* *Le chant des Sirènes.*
SEPTIME-SÉVÈRE (222-235)	Commencement paisible du règne. Issue peu heureuse d'une guerre sur l'Euphrate. Guerre contre les Germains (234). Il meurt à Mayence (235).	Avianus — Fables
ANARCHIE MILITAIRE (235-238)	Maximin: Goth remarquable par sa voracité. Il ne vint jamais à Rome. Gordien est reconnu empereur et Maximin déclaré ennemi public. Viennent ensuite: Gordien II. Maxime Papien. Balbin. Maximin assiège Aquilée; il est repoussé.	Ausone 309-394: *Le Chant nuptial.* Livres d'Epigrammes. *Ephemeries.* *Epitaphes des héros morts à Troie.* *Doctrine des sept sages.* *L'amour crucifié.* *La maison de campagne d'Ausone.*
GORDIEN III (238-244)	Gordien III est nommé empereur à 13 ans. Il suit les conseils de Timéséthée — apparition des Francs (241). Guerre en Orient, Gordien y fut tué.	Namatianus — L'Itinéraire.
PHILIPPE (244-249)	Invasion des Barbares. Bataille de Vérone — Philippe y est tué.	Claudius Claudianus 365-414: 3 Panégyriques. 4 Chants Frescennins. *Epithalame de Palladius et Célérina.* *Invective contre Rufin.* *Invective contre Eutrope.* Poëme sur la guerre contre Gildon. *Eloge de Serena femme de Stilicon.* *L'Enlèvement de Proserpine.* *La Gigantomachie.* *Le Vieillard de Vérone.*
DÉCIUS (249-251)	Décius s'appuie sur les vieilles institutions. Persécution des chrétiens. Invasion des Goths dans la Mœsie, la Dacie. Mort de Décius (251).	La poësie lyrique est presque oubliée, on ne trouve qu'un Dionysius Caton qui adresse à son fils des distiques moraux.
GALLUS ET EMILIANUS (251-253)	Gallus achète la paix aux Barbares. Emilius se révolte contre Gallus. Ils sont tués tous deux par leurs soldats.	

De 254 à 268, désordre complet; c'est *la période des 30 tyrans*. Invasion des Barbares — Posthumus fonde en Gaule, une espèce d'empire qui durera 9 ans (258-265) — Gallien est tué à Milan (268).

LES EMPEREURS ILLYRIENS

EMPEREURS	ÉVÈNEMENTS
CLAUDE LE GOTHIQUE (268-270)	Les meurtriers de Gallus nomment empereur le Dalmate Claude. Claude repousse les Germains près du lac de Garde. Il bat les Goths à Nissa (269) — Il meurt à Sirmium en Pannonie (270).
AURÉLIEN (270-275)	Aurélien est originaire de Pannonie. Il vainc le premier les Francs ; il bat les Alamans, près de Pavie (271). Il fait reculer les Barbares et donne le Danube comme limite à l'empire. Défaites : de Zénobie, reine de Palmyre — Elle est épargnée (273) ; de Tétricus, gouverneur des Gaules. Il abandonne la Dacie aux Goths — Paix intérieure. Rétablissement de l'ordre dans l'administration. Aurélien est assassiné près de Byzance (275).
TACITE (275)	Tacite est âgé de 75 ans. Il chasse les Alains de l'Asie Mineure. Il est tué par ses soldats.
PROBUS (275-282)	Probus bat les Alamans, franchit le Rhin et conclut la paix avec les Germains. Il vainc les Sarmates dans l'Illyrie. Il défait les Gètes dans la Thrace. Il conclut la paix avec Narsès, roi des Perses. Probus veut ensuite transformer ses soldats en agriculteurs ; ils le tuent à Sirmium (282).
CARUS (282-283)	Il va en Orient, bat les Perses, entre à Séleucie et Ctésiphon. Il meurt sur les bords du Tigre (283).
NUMÉRIEN CARIN (284)	Est assassiné.

LITTÉRATURE

LA PROSE

HISTOIRE

- **L'histoire Auguste** : Série de Biographies d'empereurs.
- **Cette histoire est écrite par** : Elius Spartianus. Vulcatius Gallicanus. Trébellius Pollio. Flavius Vopiscus. Lampridius. Julius Capitolinus.
- **Aurélius Victor IVe s.** : *Origine du peuple romain.* *Des hommes illustres de Rome.* *Histoire abrégée des Césars.* *Abrégé de la vie et des mœurs des empereurs romains.*
- **Eutrope IVe** : *Abrégé d'Histoire romaine.*
- **Ammien Marcellin 330-400** : 31 livres d'histoire.
- **Julius Obsequens** : *Les Prodiges.*

RHÉTORIQUE ET GRAMMAIRE

- **Caius Fortunatius** : *La Rhétorique.*
- **Julius Romanus**
- **Censorinus** : *Sur le jour natal* (238).
- **Marius Victorinus** : 4 livres sur la métrique. Livre contre Arius. 3 hymnes sur la Trinité. Ecrits religieux.

EMPEREURS	ÉVÈNEMENTS	LITTÉRATURE
DIOCLÉTIEN (285-305)	Dioclétien est proclamé empereur à Chalcédoine (284). Il rétablit l'ordre à l'intérieur. Révolte de Carusius qui se fait nommer en Bretagne (287), Maximien est associé à l'empire (286). Il installe Maximien à Milan ; lui-même à Nicomédie. Nouveaux associés (292) : Galère, grossier mais courageux. — Constance Chlore, plus doux, Partage de l'empire : Dioclétien a l'Orient : résidence, Nicomédie. — Galère : a l'Illyrie, les provinces danubiennes ; résidence : Sirmium. — Maximien : a l'Italie, la Sicile, l'Afrique ; résidence : Milan. — Constance : a la Gaule, l'Espagne, la Bretagne ; résidence : Trèves. Introduction du cérémonial asiatique. Maximien repousse les Germains — Dioclétien bat les Egyptiens révoltés — Galère bat les Perses et Narsès à Nisibe. Construction de châteaux forts le long de la frontière. Persécution des Chrétiens (303-313) ; Abdication (305) et mort (313) de Dioclétien.	Elius Donat : *De la Grammaire.* Macrobius Théodosius : *Commentaires sur le songe de Scipion.* — 7 livres de Saturnales. Priscien : *l'Art Grammatical* en 18 livres. — *Des accents* — *De la déclinaison des noms.* — *Des Astres.* Martianus Capella : Espèce d'Encyclopédie en 9 livres (410 à 427). L'ÉLOQUENCE Les Panégyristes : Claudius Mamertinus. — Eunène — Nazarius. — Pacatus Drépanius. Symmaque (340-409) : Lettres et Rapports. LA PHILOSOPHIE Boèce (470-525) : *Le Traité de la Consolation.* — *Commentaires d'Aristote.* — *Traité de philosophie péripatéticienne.*
LES SIX EMPEREURS CONSTANTIN (306-337). GALÈRE MEURT EN 311. CONSTANCE MAXIMIN DAIA SÉVÈRE MAXENCE	Guerre civile de 306 à 323. Révolte de Licinius qui épouse la sœur de Constantin. Mort de Maximin Daia (313). Guerre entre Constantin et Licinius (314-322) Constantin est seul empereur (323).	

EMPEREURS	ÉVÈNEMENTS	LITTÉRATURE
CONSTANTIN (323-337)	Constantin inaugure son règne par des massacres. Le christianisme triomphe du paganisme (313). Edit de Tolérance de Milan (313) : L'archevêque est à la tête d'une province. L'évêque est à la tête d'une cité. Puis viennent les prêtres et les diacres. Principaux sièges épiscopaux : Rome. Alexandrie. Antioche. Les évêques peuvent juger les différents. Le christianisme apporte : L'égalité morale. La Fraternité humaine. Concile de Nicée (325) 318 évêques y sont présents. Fondation de Constantinople (329). Les fonctions civiles sont données aux citoyens. Les fonctions militaires généralement aux Barbares.	Nombreux Professeurs d'Eloquence et de Rhétorique : Marcomanus, Ciberianus, Nazarius, Minervius, Delphidius, Alcimus, Gennadius, Mamertinus, Citianus

FIN DE L'EMPIRE

EMPEREURS	ÉVÈNEMENTS	LITTÉRATURE
PARTAGE DE L'EMPIRE (337-351)	Constance II a la Thrace et l'Orient (337-361). Constantin II a les Gaules, l'Espagne, la Bretagne (337 340). Constant a l'Illyrie, l'Afrique et l'Italie (337-350). Lutte entre Constantin II et Constant — Constantin périt. Constant va lutter contre le Franc Magnence ; il meurt (350.)	LITTÉRATURE CHRÉTIENNE PROSE ELOQUENCE ET PHILOSOPHIE Minutius Félix — *l'Octavius* (180). Tertullien (160-240) : *L'Apologie* (197) — *Sur la patience*. *L'Apologie aux nations*. *Témoignage de l'âme*.

EMPEREURS	ÉVÈNEMENTS	LITTÉRATURE
CONSTANCE (351-361)	Constance est seul empereur. Il se laisse gouverner par les femmes et les eunuques. Révolte du Franc Sylvanus (355). Il se fait proclamer empereur. Sylvanus est massacré. Constance appelle Julien pour se l'associer. Julien bat les Francs et les Alamans près de Strasbourg (357). Mort de Constance (361).	Tertullien (160-240) : *Sur la Toilette des femmes.* *Sur les Spectacles.* 5 livres contre l'hérésie de Marcion. *Sur la Monogamie*, etc.
JULIEN L'APOSTAT (361-363)	Julien élevé dans la religion chrétienne, veut ensuite faire revivre le paganisme. Il bat les Francs et les Alamans (357). Son séjour favori pour l'hiver est Lutèce (Paris). Expédition contre les Perses (363) Il est blessé à Marongo et meurt (363).	St Cyprien + 257) : *De la grâce de Dieu.* *Sur la vanité des Idoles.* *Sur l'unité de l'Eglise catholique.* Livre à Démétrius — *Sur la moralité* — *Sur les spectacles.*
JOVIEN (363-364)	Jovien ne règne que quelques mois. Il signe un traité désastreux avec les Perses. Il meurt en Bithynie (364).	Arnobe — (295). 7 livres contre les Nations
NOUVEAU PARTAGE	Valentinien en Occident (364-375). Valens en Orient (364-378).	
VALENTINIEN (364-375)	Valentinien lutte contre les Francs et les Alamans. Il couvre de forteresses la frontière du Rhin. Il meurt sur les bords du Danube (375) — Son fils Gratien lui succède.	Lactance (250-325) : *Les Institutions divines* (310). *Sur la colère de Dieu.* *Sur la mort des persécuteurs.*
VALENS (364-378)	Valens trouble l'Orient par sa partialité pour l'Arianisme. Conversion des Goths à cette religion. Invasion des Huns qui détruisent l'empire des Goths (376). Bataille d'Andrinople (378) — Défaite des armées impériales, Valens y est tué. Valentinien et Valens étaient des princes cruels.	St-Hilaire de Poitiers (300-367) : *De la Trinité* (12 livres). Livres contre Constance, — contre Arius — *Commentaires des Psaumes.*
GRATIEN (378-383)	Gratien, fils de Valentinien, bat les Alamans à Colmar. Théodose accepte les préfectures d'Orient et d'Illyrie. Pacification de l'Orient — Gratien est tué près de Lyon (383).	St-Ambroise (340-397) : *Sur les Vierges — sur les Veuves.* *Consolation sur la mort de Valentinien.* *Sur les devoirs des ministres de Dieu.* *Le paradis — Caïn et Abel.* *L'Hexaméron.*

EMPEREURS	ÉVÈNEMENTS
THÉODOSE (383-395) Règne avec Valentinien II (383-392) Il est seul empereur (392-395)	Théodose bat Maxime, gouverneur de Bretagne. Valentinien II est tué par Arbogast. Théodose devient seul empereur (392). Théodose soutient Saint-Ambroise et condamne l'Arianisme — Il est excommunié pour ses massacres à Thessalonique — Sa pénitence publique à Milan. Il partage l'empire entre ses deux fils. Partage { Honorius a l'Occident. Arcadius a l'Orient. Mort de Théodose (395).

L'empire d'Occident subsiste à peine un siècle ; celui d'Orient durera jusqu'à la prise de Constantinople par les Turcs (1453), Le moyen âge commence avec ce partage.

HONORIUS (395-424)	Honorius a onze ans, il est sous la tutelle du Vandale Stilicon — Invasion des Visigoths, Alaric en Italie (403). La grande invasion avec Radagaise (406). Honorius fait assassiner Stilicon (408). Alaric prend Rome (410).
VALENTINIEN III (424-455)	Valentinien III est sous la tutelle de Bonifacius et d'Aétius. Attila et les Huns. Le pape Saint-Léon éloigne Attila de Rome (452). Valentinien fait tuer Aétius. Pillage de Rome par Genséric et les Vandales.

Les derniers empereurs sont des lieutenants aux ordres des chefs barbares qui les élèvent, les déposent et les tuent suivant leurs caprices.

PÉTRONE MAXIME (455)	Pétrone Maxime était sénateur. Il est lapidé par le peuple romain.
AVITUS (455-457)	Etait le beau-père de Sidoine Apollinaire — Il fut detrôné par Ricimer et devint évêque de Plaisance.

LITTÉRATURE

St-Jérome (346-420)	Les Lettres (370-419). *La Vulgate.* *Commentaires sur l'Ecriture sainte.* *Dialogues contre les Pélasgiens.* *Les écrivains ecclésiastiques.* *Traduction de la chronique d'Eusèbe.*
St-Augustin (354-430)	Avant sa prêtrise il écrivit les livres : *Contre les Académiciens.* *De la vie heureuse — De l'ordre — Soliloques — Sur la musique.* *De l'immortalité de l'âme.* *Du maître — Du libre arbitre.* *Mœurs de l'Eglise.* *Mœurs des manichéens.* *De la genèse contre les manichéens.* Après sa prêtrise. *La cité de Dieu* (22 livres). *Les confessions* (13 livres). *Les rétractations* *Sermons — Lettres.* *De la doctrine chrétienne.* *Miroir tiré de l'Ecriture*, etc.
Salvien (390-490)	*Gouvernement de Dieu ou de la Providence.* *Contre l'Avarice.*

St-Léon le Grand — Sermons.

Césaire 470-542 — Sermons.

HISTOIRE

Rufin (355-410)	Traduit l'histoire ecclésiastique d'Eusèbe. *Biographie des moines d'Egypte.*
Sulpice Sévère (363-410)	*Chronique ou histoire sacrée* (402). *Vie de Saint-Martin de Tours.* Lettres.

Orose (414 — ?) *Histoire contre les païens.*

LA POÉSIE

Commodien IIIe siècle	*Les Instructions*, pœme en 80 parties. *Apologétique* retrouvée en 1852.

EMPEREURS	ÉVÈNEMENTS	LITTERATURE
MAJORIEN (457-461)	Majorien fut nommé empereur par le Suève Ricimer. Il voulut faire quelques réformes et fut tué par ordre du même Ricimer qui ne le trouve pas assez docile.	Juvencus (IVe siè.) — *Histoire Evangélique* (4 livres). *La genèse* retrouvée (1852). St Ambroise (340-397) — Hymnes. Prudence (348-405) — *Catenerinon — Apocatheosis — Hamartigenia — Psychomachia — Peristephanon — Diptychon.*
LIBIUS (461-465)	A sa mort il y a un interrègne de 466 à 467.	St-Paulin de Nole (353-431).
ANTHÉMIUS (467-472)		St-Prosper (403-465) — *Lettre à Rufin sur la grâce et le libre arbitre. Poème des ingrats. Chronique impériale.*
OLYBRIUS (472)		Mérobande — la louange du Christ. Sidoine Apollinaire (430-488) — *Panégyriques. Epithalames*
GLYCÉRIUS (472-474)		Sedulius (Ve siècle) — *Chant pascal — Incarnation du Verbe. — Comparaison de l'ancien et du nouveau Testament.*
JULIUS NÉPOS (472-475)	Julius Nepos fut détrôné par Oreste, officier d'Attila.	St-Avit (450-535) — Il a écrit des poëmes sur la création du monde — sur le péché originel — sur l'expulsion du paradis — sur le déluge. Le passage de la mer rouge. L'éloge de la virginité.
ROMULUS AUGUSTULE (475-476)	Romulus Augustule est le dernier empereur d'Occident — Il est renversé par l'Hérule Odoacre. Odoacre envoie à Zénon les insignes impériaux et déclare qu'un seul empereur suffit pour tout l'Empire. Odoacre prend le titre de roi d'Italie (476).	Fortunat (530-610) — Hymnes: *Pange lingua. Vexilla regis prodeunt.* Onze livres de vers. *Vie de St-Martin de Tours. Vie de Sainte Radegonde.*

FIN

ERRATA

Au lieu de Smérédis	page 5	lire *Smerdis*
Persipolis	7	*Persépolis*
Sémiramis battu	—	*battue*
L'Attaque	27	*L'Attique*
Villes alliés	32	*villes alliëes*
en face	34	*en face*
Aléméonides	—	*Alcméonides*
Calliératidas	—	*Callicratidas*
Philoquemen	40	*Philopœmen*
Les Gents	59	*Les Gentes*
bibliotèque	76	*bibliothèque*
Calba	82	*Galba*
Il n'y a qu'un culte	85	*Il n'a qu'un culte*
Métiamorphoseon	—	*Métamorphoseon*
Frescennius	86	*Fescennins*
Ciberianus	89	*Tiberianus*
Citianus	—	*Titianus*

www.ingramcontent.com/pod-product-compliance
Lightning Source LLC
LaVergne TN
LVHW020417230826
846091LV00004B/1304

* 9 7 8 2 0 1 3 7 0 3 1 8 5 *